Guttentag'sche Sammlung

Deutscher Reichsgesetze.

Text-Ausgaben mit Anmerkungen. Taschenformat.

---

1. **Verfassung** des Deutschen Reichs. Von Dr. **L. von Rönne.** Achte neubearbeitete Auflage. 1 M. 60 Pf.

2. **Strafgesetzbuch** für das Deutsche Reich. Nebst den gebräuchlichsten Reichs-Strafgesetzen (Presse, Personenstand, Nahrungsmittel, Kranken-, Unfall-, Invalidenversicherung, Gewerbeordnung, unlauterer Wettbewerb, Depot- und Börsengesetz u. s. w.). Von Dr. **H. Rüdorff.** Neunzehnte Auflage von Dr. **H. Appelius,** Staatsanwaltschaftsrath. Gebunden in ganz Leinen 1 M. 20 Pf.

3. **Militärstrafgerichtsordnung** für das Deutsche Reich nebst Einführungsgesetz und Gesetz, betreffend die Dienstvergehen der richterlichen Militärjustizbeamten und die unfreiwillige Versetzung derselben in eine andere Stelle oder in den Ruhestand. Vom 1. Dezember 1898. Von Dr. **P. Herz,** Geh. Admiralitätsrath. 2 M. 50 Pf.

4. Allg. Deutsches **Handelsgesetzbuch** unter Ausschluß des Seerechts nebst Ergänzungsgesetzen, (Aktiengesetz, Depot- und Börsengesetz u. s. w.). Von **F. Litthauer,** Justizrath. Neunte Auflage. 2 M.

4a. **Handelsgesetzbuch vom 10. Mai 1897** unter Ausschluß des Seerechts. Mit den ergänzenden Vorschriften des Bürgerlichen Gesetzbuchs und Erläuterungen herausgegeben von **F. Litthauer,** Justizrath. Zehnte (der neuen Fassung erste) Auflage. Zweiter unveränderter Abdruck. 2 M. 25 Pf.

5. Allgemeine Deutsche **Wechselordnung.** Siebente Auflage von Dr. **E. Ball,** Rechtsanwalt, und das Reichsgesetz über die **Wechselstempelsteuer.** Sechste Auflage von Reg.-Assessor **P. Loeck.** 2 M.

6. **Reichs-Gewerbeordnung** nebst Ausführungsbestimmungen unter besonderer Berücksichtigung der Arbeiterschutzbestimmungen vom 1. Juni 1891 und des Handwerkergesetzes vom 26. Juni 1897. Von **Berger.** Fortgeführt von Dr. **Wilhelmi,** Geh. Ober-Regierungsrath. Fünfzehnte Auflage. 2 M. 80 Pf.

7. Die deutsche **Post- und Telegraphen-Gesetzgebung.** Von Dr. **P. D. Fischer,** Unterstaatssekretär im Reichs-Postamt. Vierte Auflage. 2 M. 60 Pf.

8. Die Reichsgesetze über den **Unterstützungswohnsitz,** die **Freizügigkeit,** den **Erwerb** und **Verlust** der **Bundes- und Staatsangehörigkeit,** nebst allen landesgesetzlichen Bestimmungen. Von Geheimrath Dr. **J. Krech,** Mitglied des Bundesamtes für das Heimathwesen. Vierte Auflage. 2 M. 25 Pf.

9a. Sammlung **kleinerer privatrechtlicher Reichsgesetze.** Von **F. Vierhaus,** Geh. Ober-Justizrath. Zweite Auflage in Vorbereitung.

9b. Sammlung **kleinerer strafrechtlicher Reichsgesetze.** Von **M. Werner,** Geh. Ober-Regierungsrath. Zweite Auflage im Druck.

10. Das **Reichsbeamtengesetz** vom 31. März 1873 und seine Ergänzungen. Erläutert von **J. Pieper,** Geh. Ober-Regierungsrath. 3 M. 30 Pf.

11. **Civilprozeßordnung mit Gerichtsverfassungsgesetz,** Einführungsgesetzen, Nebengesetzen und Ergänzungen. Von **R. Sydow.** Siebente Auflage. 2 M. 50 Pf.

11a. **Civilprozeßordnung mit Einführungsgesetzen,** Nebengesetzen und Ergänzungen in der **Fassung des Gesetzes vom 17. Mai 1898.** Unter besonderer Berücksichtigung der Entscheidungen des Reichsgerichts herausgegeben mit Anmerkungen von **R. Sydow,** Direktor im Reichs-Postamt und **L. Busch,** Kammergerichtsrath. Achte Auflage. 8°. Geb. in ganz Leinen 4 M.

Dieser Band ist in größerem Format erschienen!

12. **Strafprozeßordnung nebst Gerichtsverfassungsgesetz** in der vom 1. Januar 1900 ab geltenden Fassung, nebst dem **Gesetz, betreffend die Entschädigung der im Wiederaufnahmeverfahren freigesprochenen Personen.** Von **A. Hellweg,** Reichsgerichtsrath. Zehnte Auflage. Geb. in ganz Leinen ca. 2 M.

13. **Konkursordnung** mit Einführungsgesetz. Von **R. Sydow.** Siebente Auflage. 1 M.

13a. **Konkursordnung** mit Anfechtungsgesetz, Einführungsgesetz, Nebengesetzen und Ergänzungen. **In der Fassung der Gesetze vom 17. Mai 1898.** Unter besonderer Berücksichtigung der Entscheidungen des Reichsgerichts herausgegeben mit Anmerkungen von **R. Sydow,** Direktor im Reichs-Postamt und **L. Busch,** Kammergerichtsrath. Achte Auflage. Geb. in ganz Leinen ca. 1 M. 80 Pf.

14. **Gerichtsverfassungsgesetz** mit Einführungsgesetz. Von **R. Sydow.** Siebente Auflage. 80 Pf.

14a. **Gerichtsverfassungsgesetz** mit Einführungsgesetz und Nebengesetzen. **In der Fassung des Gesetzes vom 17. Mai 1898.** Unter Berücksichtigung der Entscheidungen des Reichsgerichts herausgegeben von **R. Sydow,** Direktor im Reichs-Postamt und **L. Busch,** Kammergerichtsrath. Achte Auflage. 1 M. 20 Pf.

15. **Gerichtskostengesetz und Gebührenordnungen für Gerichtsvollzieher, für Zeugen und Sachverständige.** Mit Kostentabellen. Von **R. Sydow.** Fünfte Auflage. 80 Pf.

16. **Rechtsanwaltsordnung** für das Deutsche Reich. Von **R. Sydow.** Dritte Auflage. 60 Pf.

17. **Gebührenordnung für Rechtsanwälte.** Von **R. Sydow.** Sechste Auflage im Druck.

18. **Reichsstempelgesetz (Börsensteuergesetz)** mit allen Ausführungsvorschriften, vielen Tabellen, den Entscheidungen der Verwaltungsbehörden und des Reichsgerichts. Von **Gaupp,** Geh. Regierungsrath. Siebente vollständig umgearbeitete Auflage von **P. Loeck,** Regierungs-Assessor. 3 M. 30 Pf.

19. Die **Seegesetzgebung.** Nebst den Entscheidungen des Reichsoberhandelsgerichts, des Reichsgerichts und der Seeämter. Von Dr. **W. E. Knitschky,** Landgerichtsrath. Zweite Auflage. 3 M. 80 Pf.

20. **Krankenversicherungsgesetz.** Von Dr. **E. von Woedtke,** Direktor im Reichsamt des Innern. Siebente Auflage. 2 M.

21. Die **Konsulargesetzgebung** des Deutschen Reiches. Von Professor Dr. **Ph. Zorn.** Vergriffen.

22a. **Patentgesetz. Gesetz, betreffend den Schutz von Gebrauchsmustern. Gesetz, betreffend das Urheberrecht an Mustern und Modellen.** Vierte vermehrte Auflage von Dr. **R. Stephan,** Regierungsrath, Mitglied des Kaiserlichen Patentamts. 1 M. 60 Pf.

22b. Gesetz zum **Schutz der Waarenbezeichnungen.** Nebst Ausführungsbestimmungen. Von Dr. **R. Stephan,** Regierungsrath, Mitglied des Kaiserlichen Patentamts. Vierte Auflage. 1 M.

23. **Unfallversicherungsgesetz** und Gesetz über die Ausdehnung der Unfall- und Krankenversicherung. Von Dr. **E. von Woedtke,** Direktor im Reichsamt des Innern. Fünfte Auflage. 2 M.

24. Reichsgesetz, betreffend die **Kommanditgesellschaften auf Aktien und die Aktiengesellschaften.** Von **H. Keyssner,** Kammergerichtsrath und **Dr. H. Veit Simon,** Rechtsanwalt. Vierte Auflage. 1 M.

25. Reichsgesetz wegen **Erhebung der Brausteuer** vom 31. Mai 1872 mit Ausführungsvorschriften. Von **E. Bertho,** Regierungsrath. 1 M. 60 Pf.

26. Die Reichsgesetzgebung über **Münz- und Notenbankwesen,** Papiergeld, Prämienpapiere und Reichsanleihen. Von Dr. jur. **R. Koch,** Präsident des Reichsbankdirektoriums. Dritte Auflage. 2 M. 80 Pf.

27. Reichsgesetzgebung, betr. das **Gesundheitswesen** für Behörden, Aerzte &c. Von Dr. jur. **C. Goesch** und Dr. med. **J. Karsten.** 1 M. 60 Pf.

28. Reichsgesetz, betr. die **Unfallversicherung der bei Bauten beschäftigten Personen.** Zweite Auflage. Unter Berücksichtigung der Rechtsprechung des Reichs-Versicherungsamts vollständig neu bearbeitet von **R. Chrzescinski,** Kaiserl. Regierungsrath und ständigem Mitglied des Reichs-Versicherungsamts. Erste Auflage von **L. Mugdan.** 1 M. 60 Pf

29. Reichsgesetz, betr. die **Erwerbs- und Wirthschaftsgenossenschaften** nebst der Novelle vom 12. August 1896. Von **L. Parisius.** Siebente Auflage. 1 M. 25 Pf.

30. **Invalidenversicherungsgesetz** vom 13. Juli 1899, in der Fassung der Bekanntmachung vom 19. Juli 1899. Von Dr. **E. v. Woedtke,** Director im Reichsamt des Innern. Sechste völlig umgearbeitete Auflage. Geb. in ganz Leinen ca. 2 M. 20 Pf.

31. Reichsgesetz, betr. die **Gewerbegerichte.** Von **L. Mugdan.** Vierte Auflage. Bearbeitet von **Cuno,** Stadtrath und stellvertretender Vorsitzender des Gewerbegerichts zu Königsberg i. Pr. 1 M. 80 Pf.

32. Reichsgesetz, betr. die **Gesellschaften mit beschränkter Haftung.** In der Fassung vom 20. Mai 1898. Von **L. Parisius** und Dr. **H. Crüger.** Vierte Auflage. 1 M.

33. Das **Vereins- und Versammlungsrecht** in Deutschland. Von Dr. **E. Ball,** Rechtsanwalt. 2 M. 25 Pf.

34. Reichsgesetz, betreffend die **Abzahlungsgeschäfte.** Vom 16. Mai 1894. Von **J. Hoffmann,** Geheimer Regierungsrath. 95 Pf.

35. Die **Reichs-Eisenbahngesetzgebung.** Von **W. Coermann,** Kaiserl. Amtsrichter. 2 M. 25 Pf.

36. Gesetze, betr. die **privatrechtlichen Verhältnisse der Binnenschiffahrt und der Flößerei.** Von **H. Makower.** Zweite veränderte Auflage bearbeitet von **E. Löwe,** Landgerichtsrath. 2 M.

37. Gesetz zur **Bekämpfung des unlauteren Wettbewerbes.** Vom 27. Mai 1896. Von Dr. **Stephan,** Regierungsrath. Zweite Auflage. 80 Pf.

38/39. **Bürgerliches Gesetzbuch nebst Einführungsgesetz.** In Verbindung mit Professor Dr. **André,** Amtsgerichtsrath **Greiff,** Amtsrichter **Ritgen,** Landgerichtsrath Dr. **Unzner** herausgegeben von Reichsgerichtsrath Dr. **A. Achilles.** Zweite vermehrte und verbesserte Auflage. 8°. Gebunden in ganz Leinen. 5 M. 50 Pf.

Dieser Band ist in größerem Format erschienen!

40. Gesetz, betr. die **Pflichten der Kaufleute bei Aufbewahrung fremder Werthpapiere (Depotgesetz).** Von **F. Lusensky,** Geh. Regierungsrath. 90 Pf.

41. **Börsengesetz.** Vom 22. Juni 1896. Nebst den dazu erlassenen Ausführungsbestimmungen. Unter Mitwirkung des Geh. Ober-Regierungsrathes **A. Wermuth** bearbeitet von **H. Brendel,** Gerichts-Assessor, Hülfsarbeiter im Reichsamt des Innern. 1 M. 50 Pf.

42. **Grundbuchordnung** für das Deutsche Reich. Vom 24. März 1897. Von Prof. Dr. **O. Fischer.** 1 M.

43. Reichsgesetz über die **Zwangsversteigerung** und die **Zwangsverwaltung.** Vom 24. März 1897. Von Dr. **J. Krech,** Kaiserl. Geh. Regierungsrath und Professor Dr. **O. Fischer.** 1 M. 20 Pf.

44. Das Reichsgesetz über das **Auswanderungswesen** vom 9. Juni 1897 nebst Ausführungsverordnungen und Anlagen. Nach den Materialien und unter Benutzung amtlicher Quellen erläutert von Professor Dr. **Felix Stoerk.** 2 M. 25 Pf.

45. Das **Handwerkergesetz** vom 26. Juli 1897. Mit ausführlichen Erläuterungen von Dr. **L. Wilhelmi,** Kais. Geh. Ober-Regierungsrath. In Vorbereitung.

46. Das Reichsgesetz über die **Angelegenheiten der freiwilligen Gerichtsbarkeit.** Mit Einleitung und Erläuterungen von **Herm. Jastrow,** Amtsgerichtsrath. 1 M. 80 Pf.

47. Das **deutsche Vormundschaftsrecht** und das preuß. Gesetz, betr. die Unterbringung verwahrloster Kinder vom 13. März 1878. Mit Einleitung und Erläuterungen von **Max Schultzenstein**, Oberverwaltungsgerichtsrath und Amtsgerichtsrath Dr. **Köhne.** 2 M. 80 Pf.

48. Gesetze und Verordnungen, betreffend den **Drogen-, Gift- und Farbenhandel** außerhalb der Apotheken unter besonderer Berücksichtigung des Königreichs Preußen. Von Dr. **Broh**, Rechtsanwalt. 1 M. 25 Pf.

49. Die **Kolonialgesetzgebung.** Von Prof. Dr. **Philipp Zorn.** (In Vorbereitung.)

50. Der **Viehkauf** (Viehgewährschaft) nach dem Bürgerlichen Gesetzbuche. Mit Erläuterungen und Sachregister von Dr. **Hans Stölzle**, Rechtsanwalt in Kempten (Bayern). Mit einem Anhang: Verordnung, betreffend die Hauptmängel und Gewährsfristen beim Viehhandel. Vom 27. März 1899. Erläutert von **Heinrich Weiskopf**, Königl. Kreisthierarzt in Augsburg. 1 M. 50 Pf.

51. Gesetz, betr. die **Hypothekenbanken** nebst Nebengesetzen. Von Dr. **H. Göppert**, Gerichts-Assessor. In Vorbereitung.

Guttentag'sche Sammlung

Preußischer Gesetze.

Text-Ausgaben mit Anmerkungen. Taschenformat.

---

1. **Verfassungs-Urkunde** für den Preußischen Staat nebst Ergänzungs- und Ausführungs-Gesetzen. Mit Einleitung und Kommentar von Prof. Dr. **Adolf Arndt.** Dritte Auflage. 2 M. 25 Pf.

2. Preußische **Beamten-Gesetzgebung.** Enthaltend die wichtigsten Beamtengesetze in Preußen. Von **C. Pfafferoth.** Dritte Auflage. 1 M. 50 Pf.

3. Die Preuß. Gesetzgebung, betr. die **Zwangsvollstreckung in das unbewegliche Vermögen.** Von Dr. **J. Krech,** Kais. Geh. Regierungs-Rath und Prof. Dr. **O. Fischer.** Dritte Auflage. Vergriffen.

4. Die Preuß. Gesetze, betr. das **Notariat** einschließlich der **Gebührenordnung** für **Notare** vom 25. Juni 1895. Dritte Auflage. Von **R. Sydow,** Geh. Ober-Postrath, und Kammergerichtsrath **A. Hellweg.** 1 M. 60 Pf.

5. Gesetz **vom 24. April 1854 (betr. die außereheliche Schwängerung)** und die daneben geltenden Bestimmungen des Allgemeinen Landrechts nebst den dazu ergangenen Präjudikaten. Von Dr. **Schulze.** 75 Pf.

6. Die Preußischen **Ausführungsgesetze und Verordnungen zu den Reichs-Justizgesetzen.** Von **R. Sydow.** Dritte vermehrte Auflage. 2 M. 40 Pf.

7. **Allg. Gerichtsordnung** vom 6. Juli 1793 und Preuß. **Konkursordnung** vom 8. Mai 1855. Von **F. Vierhaus,** Geh. Ober-Justizrath. 2 M. 50 Pf. Vergriffen.

8. **Vormundschaftsordnung** vom 5. Juli 1875, nebst allen Nebengesetzen und den dazu erlassenen Allgemeinen Verfügungen. Von Oberverwaltungsgerichtsrath **Schultzenstein.** Dritte Auflage. 1 M. 50 Pf.

9. Die Preußische **Grundbuchgesetzgebung.** Mit Einleitung, Formularen, Kosten- und Stempeltabellen. Von Prof. Dr. **Fischer.** Dritte Auflage. Vergriffen.

10. **Einkommensteuergesetz.** Vom 24. Juni 1891. Von Geheimrath **Meitzen.** Vierte vermehrte Auflage von **A. Fernow,** Ober-Regierungsrath. 1 M. 50 Pf.

11. **Gewerbesteuergesetz.** Vom 24. Juni 1891. Von **A. Fernow,** Ober-Regierungsrath. Dritte vermehrte Auflage. 1 M. 25 Pf.

12. **Allgemeines Berggesetz** für die Preußischen Staaten. Von **E. Engels,** Ober-Bergrath. Zweite Auflage. 1 M. 60 Pf.

13. **Ergänzungssteuergesetz** (Vermögenssteuergesetz). Vom 14. Juli 1893. Von **A. Fernow,** Ober-Regierungsrath. Zweite vermehrte Auflage. 1 M.

14. **Kommunalabgabengesetz.** Vom 14. Juli 1893, und Gesetz wegen Aufhebung direkter Staatssteuern. Vom 14. Juli 1893. Von **F. Adickes,** Oberbürgermeister. Zweite Auflage. 1 M. 25 Pf.

15. Die **Kreisordnungen** für den Preußischen Staat. Von **O. Kolisch,** Landgerichtsrath. 4 M.

16. Preuß. Ausführungs-Anweisung zu §§. 16 u. ff. der Reichs-Gewerbe-Ordnung, betr. **Genehmigung gewerblicher Anlagen.** Von Dr. **von Rüdiger,** Regierungs- und Gewerberath. 1 M. 50 Pf.

17. Preußisches **Gerichtskostengesetz.** Vom 25. Juni 1895 nebst den Bestimmungen vom 19. August 1895. Mit Kostentabellen. Von Dr. **P. Siméon.** Zweite Auflage. 1 M. 60 Pf.

18. Preußisches **Stempelsteuergesetz.** Vom 31. Juli 1895. Nebst den Ausführungsbestimmungen und

ausführlichen Tabellen. Von **B. Gaupp,** Geh. Regierungsrath und Regierungsassessor **P. Loeck.** Vierte Auflage. 3 M. 30 Pf.

19. **Jagdscheingesetz.** Vom 31. Juli 1895. Mit ausführlichen Erläuterungen nebst der Ausführungsanweisung vom 2. August 1898 und den Gesetzbuchmaterialien. Von **F. Kunze,** Wirklichem Geh. Ober-Regierungsrath. Zweite Auflage. Geb. in ganz Leinen 1 M. 60 Pf.

20. Gesetz, betr. die **Erbschaftssteuer.** Vom 19./24. Mai 1891 unter Berücksichtigung der Novelle vom 31. Juli 1895. Mit ausführlichen Erläuterungen von **P. Loeck,** Regierungsassessor. 1 M. 80 Pf.

21. Gesetz über die **Handelskammern.** Vom 19. August 1897. Mit Erläuterungen, geschichtlicher Einleitung sowie einer Uebersicht des Bestandes der kaufmännischen Vertretungen. Von **F. Lusensky,** Geh. Regierungsrath und vortragender Rath im Ministerium für Handel und Gewerbe. 3 M.

22. Gesetz, betr. **Anstellung und Versorgung der Kommunalbeamten.** Von Dr. **W. Ledermann,** Magistratsassessor zu Berlin. 1 M. 25 Pf.

23. Die Preußischen **Ausführungsgesetze zum Bürgerlichen Gesetzbuch.** Von Landrichter Dr. **P. Siméon.** In Vorbereitung.

28000. X. 99. III.

Die
Preußischen Ausführungsgesetze
zum
Bürgerlichen Gesetzbuche,

zum Reichsgesetze vom 17. Mai 1898, betr. Aenderungen der Civilprozeßordnung, zum Reichsgesetz über die Zwangsversteigerung und die Zwangsverwaltung, zur Grundbuchordnung und zum Handelsgesetzbuch.

Preußisches Gesetz über die freiwillige Gerichtsbarkeit und Gesetz, enthaltend die landesgesetzlichen Vorschriften über die Gebühren der Rechtsanwälte und der Gerichtsvollzieher.

Vom 20. bis 27. September 1899.

Textausgabe mit Sachregister.

Dritte, nach dem amtlichen Texte durchgesehene Auflage.

Berlin.
J. Guttentag, Verlagsbuchhandlung,
G. m. b. H.
1899.

Inhalt.

I. Ausführungsgesetz zum Bürgerlichen Gesetzbuche.

II. Ausführungsgesetz zum Reichsgesetze vom 17. Mai 1898, betr. Aenderungen der Civilprozeßordnung.

III. Ausführungsgesetz zum Reichsgesetz über die Zwangsversteigerung und die Zwangsverwaltung.

VI. Ausführungsgesetz zum Handelsgesetzbuche.

VII. Gesetz, enthaltend die landesgesetzlichen Vorschriften über die Gebühren der Rechtsanwälte und der Gerichtsvollzieher.

I.

Ausführungsgesetz
zum
Bürgerlichen Gesetzbuche.

Vom 20. September 1899.
(Ges.-Samml. Nr. 31. S. 177.)

Wir **Wilhelm**, von Gottes Gnaden König von Preußen 2c.

verordnen, unter Zustimmung der beiden Häuser des Landtags Unserer Monarchie, was folgt:

Stiftungen.

Artikel 1.

§ 1. Für die Genehmigung einer Stiftung, die nach der Stiftungsurkunde ausschließlich dem Interesse der Mitglieder einer bestimmten Familie oder mehrerer bestimmter Familien dient (Familienstiftung), ist das Amtsgericht zuständig, in dessen Bezirke die Stiftung ihren Sitz haben soll.

Wird in Ansehung einer Familienstiftung, deren Verwaltung oder Beaufsichtigung nach der Stiftungsurkunde von dem Gericht geführt werden soll, das Landgericht oder das Oberlandesgericht durch den Justizminister mit der Verwaltung oder der Beaufsichtigung beauftragt, so ist das beauftragte Gericht auch für die Genehmigung der Stiftung zuständig.

§ 2. Das Gericht hat zu prüfen, ob die Stiftungsurkunde deutlich und bestimmt gefaßt ist und ob sie ausreichende Bestimmungen über die Bestellung eines Vorstandes enthält.

Stehen der Genehmigung der Stiftung Bedenken entgegen, so ist die Genehmigung zu versagen oder eine angemessene Frist zur Beseitigung der Bedenken zu bestimmen. Im letzteren Falle ist die Genehmigung nach dem Ablaufe der Frist zu versagen, wenn nicht inzwischen die Bedenken beseitigt sind. Gegen die Verfügung, durch welche die Genehmigung ertheilt oder versagt wird, findet die sofortige Beschwerde statt.

Besteht das Stiftungsgeschäft in einer Verfügung von Todeswegen, so hat das Gericht vor der Entscheidung über die Genehmigung die Mitglieder der berufenen Familie öffentlich aufzufordern, sich in einem hierfür bestimmten Termine zu erklären, widrigenfalls ihnen gegen die Entscheidung die Beschwerde nicht zustehe. Die Beschwerde steht jedem Erben, dem Testamentsvollstrecker und den in dem Termin erschienenen Mitgliedern der berufenen Familie zu.

Artikel 2.

Für die Verfassung einer Familienstiftung gelten folgende Vorschriften:

§ 1. Die Aenderung der Verfassung sowie die Aufhebung der Stiftung kann durch Familienschluß erfolgen. Dies gilt auch dann, wenn die Aenderung der Verfassung oder die Aufhebung der Stiftung durch die Stiftungsurkunde oder durch Familienschluß verboten ist.

§ 2. Der Familienschluß muß einstimmig gefaßt werden.

Die Errichtung des Familienschlusses wird nicht dadurch ausgeschlossen, daß nur ein berechtigtes Familienmitglied vorhanden ist.

§ 3. Der Familienschluß bedarf der Aufnahme und der Genehmigung durch das Gericht, dem die Verwaltung oder Beaufsichtigung der Stiftung zusteht.

§ 4. Zu der Errichtung des Familienschlusses müssen alle Familienmitglieder zugezogen werden, die entweder ihren Wohnsitz innerhalb des Deutschen Reichs haben oder zur Wahrnehmung ihrer Rechte in den Stiftungsangelegenheiten einen innerhalb des Deutschen Reichs wohnhaften Bevollmächtigten bestellt und die Bevollmächtigung durch eine öffentliche oder öffentlich beglaubigte Urkunde dem Vorstand oder dem Gerichte nachgewiesen haben.

§ 5. Für ein geschäftsunfähiges oder in der Geschäftsfähigkeit beschränktes Familienmitglied ist sein gesetzlicher Vertreter zuzuziehen. Dies gilt auch von solchen Familienmitgliedern, welche vor dem Ablaufe des dreihundertundzweiten Tages nach dem Tage geboren werden, an welchem ihr Vater und, wenn die Mutter bei der Familienstiftung für ihre Person betheiligt ist, auch diese die Zustimmung zu dem Familienschluß erklärt haben.

Die zustimmende Erklärung des gesetzlichen Vertreters bedarf der Genehmigung des Vormundschaftsgerichts.

§ 6. Steht die Vertretung geschäftsunfähiger oder in der Geschäftsfähigkeit beschränkter Familienmitglieder Vormündern oder Pflegern zu, welche der Aufsicht verschiedener Vormundschaftsgerichte unterworfen sind, oder würde die Bestellung von Vertretern solcher Familienmitglieder verschiedenen Vormundschaftsgerichten obliegen, so kann auf Antrag des Vorstandes der Stiftung der Justizminister einem Vormundschaftsgerichte die Bestellung eines gemeinsamen Vertreters und die Genehmigung der Erklärung des Vertreters übertragen, soweit die Interessen der betheiligten Familienmitglieder nicht im Gegensatze zu einander stehen.

Die Vorschrift des Abs. 1 findet auf die Genehmigung von Erklärungen der kraft elterlicher Gewalt berufenen gesetzlichen Vertreter entsprechende Anwendung.

§ 7. Der Vorstand der Stiftung hat mit dem Gesuch um Aufnahme des Familienschlusses einen

Entwurf des letzteren sowie ein Verzeichniß der zuzuziehenden Familienmitglieder einzureichen.

Bestehen gegen den Entwurf keine Bedenken oder sind die erhobenen Bedenken erledigt, so hat das Gericht einen Termin zur Aufnahme des Familienschlusses zu bestimmen.

§ 8. Zur Theilnahme an der Errichtung des Familienschlusses ist berechtigt:

1. wer seine Zugehörigkeit zu der berufenen Familie durch öffentliche Urkunden nachweist;
2. wer von den Berechtigten, die in dem Termine zur Aufnahme des Familienschlusses erschienen sind, und von dem Vorstande der Stiftung als berechtigt anerkannt wird.

§ 9. Wer außer den Fällen des § 8 die Berechtigung zur Theilnahme in Anspruch nimmt, ist von dem Gericht aufzufordern, binnen drei Monaten seine Berechtigung oder die Erhebung der Klage gegen diejenigen, welche die Berechtigung bestreiten, nachzuweisen, widrigenfalls der ohne seine Zuziehung errichtete Familienschluß für ihn verbindlich sein werde.

Die Frist beginnt mit der Zustellung der Aufforderung. Die Genehmigung des Familienschlusses darf erst erfolgen, wenn die Frist abgelaufen und im Falle rechtzeitiger Klageerhebung über die Berechtigung rechtskräftig entschieden ist.

§ 10. Besteht kein Grund zu der Annahme, daß außer den angezeigten noch andere nach § 4 zuzuziehende Familienmitglieder vorhanden sind, so genügt die eidesstattliche Versicherung des Vorstandes der Stiftung, daß ihm solche Mitglieder nicht bekannt sind.

Anderenfalls darf der Familienschluß nicht genehmigt werden, bevor die Familienmitglieder, deren Leben oder Aufenthalt unbekannt ist, im Wege des Aufgebotsverfahrens mit ihrem Widerspruchsrecht ausgeschlossen sind.

§ 11. Für das Aufgebotsverfahren ist das Amtsgericht zuständig, in dessen Bezirke die Stiftung ihren Sitz hat.

Antragsberechtigt ist der Vorstand der Stiftung.

In dem Aufgebote sind die Familienmitglieder, deren Leben oder Aufenthalt unbekannt ist, unter Bezeichnung des Gegenstandes des Familienschlusses aufzufordern, spätestens im Aufgebotstermine gegen den Familienschluß Widerspruch zu erheben, widrigenfalls sie mit ihrem Widerspruch ausgeschlossen werden würden.

§ 12. Die Zustimmung zu dem Familienschluß ist in dem zur Aufnahme bestimmten Termin oder in einer öffentlichen oder öffentlich beglaubigten Urkunde zu erklären.

Erklärt sich ein nach den §§ 4, 5 zuzuziehendes Familienmitglied oder sein Vertreter auf die Aufforderung des Vorstandes nicht, so ist er auf Antrag des Vorstandes von dem Gericht unter Mittheilung des Entwurfes des Familienschlusses zu dem im § 7 Abs. 2 bezeichneten oder einem besonderen Termine mit dem Hinweise zu laden, daß er als dem Familienschlusse zustimmend angesehen werden würde, wenn er nicht spätestens im Termine dem Gerichte gegenüber seinen Widerspruch erkläre.

§ 13. Die Genehmigung des Familienschlusses erfolgt, wenn den Vorschriften der §§ 4 bis 12 genügt, insbesondere auch die im § 5 Abs. 1 vorgesehene Frist abgelaufen ist.

§ 14. Die Vorschriften der §§ 2 bis 13 finden keine Anwendung, soweit durch die Stiftungsurkunde oder durch Familienschluß ein Anderes bestimmt ist.

Artikel 3.

Auf eine Familienstiftung, die zur Zeit des Inkrafttretens des Bürgerlichen Gesetzbuchs im bisherigen Geltungsbereiche des Allgemeinen Landrechts besteht, finden die Vorschriften über rechtsfähige Stiftungen sowie die Vorschriften dieses Gesetzes über Familienstiftungen Anwendung. Ist über die Bestätigung einer Familienstiftung vor der bezeichneten Zeit noch nicht endgültig entschieden, so gelten für die Entscheidung die Vorschriften des Artikel 1 § 2.

Ist bei der vom König ertheilten Bestätigung der Familienstiftung die Aenderung der Verfassung oder die Aufhebung der Stiftung ausgeschlossen worden, so bedarf ein die Verfassung ändernder oder die Stiftung aufhebender Familienschluß der Genehmigung des Königs.

Artikel 4.

Die Aenderung der Verfassung einer rechtsfähigen Stiftung, die nicht eine Familienstiftung ist, sowie die Aufhebung einer solchen Stiftung kann durch Beschluß des Vorstandes mit staatlicher Genehmigung erfolgen.

Anfall des Vermögens eines Vereins oder einer Stiftung.

Artikel 5.

§ 1. Das Anfallrecht in Ansehung des Vermögens eines Vereins bestimmt sich ausschließlich nach den Vorschriften des Bürgerlichen Gesetzbuchs.

§ 2. Das Vermögen einer rechtsfähigen Stiftung fällt mit dem Erlöschen der Stiftung, wenn sie von einer Gemeinde oder einer sonstigen Körperschaft des öffentlichen Rechtes errichtet oder verwaltet war, an die Körperschaft, in den übrigen Fällen an den Fiskus. Das Vermögen ist thunlichst in einer dem Zwecke der Stiftung entsprechenden Weise zu verwenden.

Die Vorschriften des Abs. 1 finden keine Anwendung, wenn durch die Verfassung der Stiftung ein anderer Anfallberechtigter bestimmt ist.

Erwerbsbeschränkungen für juristische Personen.

Artikel 6.

§ 1. Schenkungen oder Zuwendungen von Todeswegen an juristische Personen bedürfen zu ihrer Wirksamkeit ihrem vollen Betrage nach der Genehmigung des Königs oder der durch Königliche Verordnung bestimmten Behörde, wenn sie Gegenstände im Werthe von mehr als fünftausend Mark betreffen. Wiederkehrende Leistungen werden mit vier vom Hundert zu Kapital gerechnet.

§ 2. Die Genehmigung kann auf einen Theil der Schenkung oder der Zuwendung von Todeswegen beschränkt werden.

§ 3. Mit Geldstrafe bis zu neunhundert Mark wird bestraft:

1. wer für eine juristische Person, die in Preußen ihren Sitz hat, als deren Vorsteher eine Schenkung oder eine Zuwendung von Todeswegen in Empfang nimmt und nicht binnen vier Wochen die erforderliche Genehmigung nachsucht;
2. wer einer juristischen Person, die nicht in Preußen ihren Sitz hat, eine Schenkung oder Zuwendung von Todeswegen verabfolgt, bevor die erforderliche Genehmigung ertheilt ist.

§ 4. Die Vorschriften der §§ 1 bis 3 gelten nicht für Familienstiftungen.

Artikel 7.

§ 1. Juristische Personen, die in Preußen ihren Sitz haben, bedürfen zum Erwerbe von Grundstücken im Werthe von mehr als fünftausend Mark der Genehmigung der staatlichen Aufsichtsbehörde.

Dies gilt nicht für Familienstiftungen, für juristische Personen, deren Rechtsfähigkeit auf einem neben dem Bürgerlichen Gesetzbuche bestehenden Reichsgesetze beruht, sowie für solche juristische Personen des öffentlichen Rechtes, welche nach den für sie geltenden Gesetzen ohne die im Abs. 1 bezeichnete Genehmigung Grundeigenthum erwerben können.

Sparkassen, die durch staatliche Verleihung Rechtsfähigkeit erlangt haben, können ein von ihnen beliehenes Grundstück im Zwangsversteigerungsverfahren ohne die Genehmigung erwerben.

§ 2. Juristische Personen, die in einem anderen Bundesstaat ihren Sitz haben, bedürfen zum Erwerbe von Grundstücken im Werthe von mehr als fünftausend Mark der Genehmigung des Königs oder der durch Königliche Verordnung bestimmten Behörde.

Der gleichen Genehmigung bedürfen ausländische juristische Personen zum Erwerbe von Grundstücken ohne Rücksicht auf den Werth.

§ 3. Die in den §§ 1, 2 vorgeschriebene Genehmigung ist nicht erforderlich zu einem Erwerbe, der auf Grund einer nach Maßgabe des Artikel 6 genehmigten Schenkung oder Zuwendung von Todeswegen erfolgt.

Verjährung gewisser Ansprüche.

Artikel 8.

§ 1. In vier Jahren verjähren:

1. die Ansprüche der Kirchen, der Geistlichen und der sonstigen Kirchenbeamten wegen der Gebühren für kirchliche Handlungen;
2. die Ansprüche auf Zahlung der von einer Verwaltungsbehörde, einem Verwaltungsgericht oder einer Auseinandersetzungsbehörde nicht oder zu wenig eingezogenen Kosten;
3. die Ansprüche der Ortsbehörden wegen der Gebühren für Handlungen der freiwilligen Gerichtsbarkeit oder für ihre Thätigkeit als gerichtliche Hülfsbeamte;
4. die Ansprüche auf Rückerstattung von Kosten, die von einer öffentlichen Behörde mit Unrecht erhoben sind;
5. die Ansprüche auf Rückstände von Verkehrsabgaben, die in Folge einer besonderen Berechtigung an Privatpersonen zu entrichten sind.

§ 2. Auf die Verjährung finden die Vorschriften des Bürgerlichen Gesetzbuchs und des Artikel 169 Abs. 1 des Einführungsgesetzes zum Bürgerlichen Gesetzbuche mit folgenden Maßgaben Anwendung:

1. die Verjährung beginnt, unbeschadet der Vorschrift des § 201 Satz 2 des Bürgerlichen Gesetzbuchs, für die im § 1 Nr. 1 bis 3 bezeichneten Ansprüche mit dem Schlusse des Jahres, in welchem die Gebühren oder Kosten fällig werden, für die im § 1 Nr. 4, 5 bezeichneten Ansprüche mit dem Schlusse des Jahres, in welchem der Anspruch entsteht.
2. Soweit die im § 1 Nr. 1, 2 bezeichneten Gebühren und Kosten der Beitreibung im Verwaltungszwangsverfahren unterliegen, wird die Verjährung auch durch eine an den Zahlungspflichtigen erlassene Aufforderung zur Zahlung und durch die Bewilligung einer von ihm nachgesuchten Stundung unterbrochen. Wird die Verjährung unterbrochen, so beginnt eine neue Verjährung nicht vor dem Schlusse des Jahres, in welchem der für die Beendigung der Unterbrechung maßgebende Zeitpunkt eintritt, und im Falle der Bewilligung einer Stundung nicht vor dem Schlusse des Jahres, in welchem die bewilligte Frist abläuft.

Artikel 9.

Die Vorschriften des Gesetzes über die Verjährungsfristen bei öffentlichen Abgaben vom 18. Juni 1840 (Gesetz-Samml. S. 140) werden, soweit sie sich auf öffentliche, zu den Staatskassen fließende Verkehrsabgaben der im § 2 des Gesetzes bezeichneten Art beziehen, unbeschadet abweichender reichsgesetzlicher Vorschriften, auf den ganzen Umfang der Monarchie ausgedehnt.

Die im Abs. 1 bezeichneten Vorschriften finden auf sonstige öffentliche Gebühren entsprechende Anwendung, sofern nicht abweichende besondere Bestimmungen bestehen.

Gesetzliche Zinsen.

Artikel 10.

Soweit in Gesetzen, die neben dem Bürgerlichen Gesetzbuch in Kraft bleiben, die Verzinsung einer Schuld mit mehr als vier vom Hundert für das Jahr vorgeschrieben ist, tritt an die Stelle dieser Verzinsung die Verzinsung mit vier vom Hundert. Dies gilt für die Zeit nach dem Inkrafttreten des Bürgerlichen Gesetzbuchs auch dann, wenn die Verzinsung schon vorher begonnen hat.

Zahlungen aus öffentlichen Kassen.

Artikel 11.

Zahlungen aus öffentlichen Kassen sind, wenn nicht ein Anderes bestimmt ist, an der Kasse in Empfang zu nehmen.

Beurkundung von Grundstücksveräußerungen.

Artikel 12.

§ 1. Für einen Vertrag, durch den sich der eine Theil verpflichtet, das Eigenthum an einem

Grundstücke gegen Uebernahme einer festen Geldrente zu übertragen (Rentengutsvertrag), genügt bei den durch Vermittelung der Generalkommission begründeten und bei den vom Staate ausgegebenen Rentengütern die schriftliche Form.

Das Gleiche gilt für den in den §§ 16, 17 des Gesetzes über die Enteignung von Grundeigenthum vom 11. Juni 1874 (Gesetz-Samml. S. 221) bezeichneten Vertrag über die freiwillige Abtretung von Grundeigenthum.

§ 2. Wird bei einem Vertrage, durch den sich der eine Theil verpflichtet, das Eigenthum an einem in Preußen liegenden Grundstücke zu übertragen, einer der Vertragschließenden durch eine öffentliche Behörde vertreten, so ist für die Beurkundung des Vertrags außer den Gerichten und Notaren auch der Beamte zuständig, welcher von dem Vorstande der zur Vertretung berufenen Behörde oder von der vorgesetzten Behörde bestimmt ist.

§ 3. In dem vormaligen Herzogthume Nassau sind an Orten, die nicht Sitz eines Amtsgerichts sind, auch die Bürgermeister zuständig, Kauf- und Tauschverträge über Grundstücke ihres Amtsbezirkes zu beurkunden, wenn der Kaufpreis oder der Werth der eingetauschten Gegenstände nicht mehr als fünfhundert Mark beträgt.

§ 4. Auf die Beurkundung, die ein nach den §§ 2, 3 zuständiger Beamter vornimmt, finden die Vorschriften des § 168 Satz 2 und der §§ 169 bis

180 des Reichsgesetzes über die Angelegenheiten der freiwilligen Gerichtsbarkeit, des § 191 des Gerichtsverfassungsgesetzes und des Artikel 41 des Preußischen Gesetzes über die freiwillige Gerichtsbarkeit entsprechende Anwendung. Ist nach diesen Vorschriften ein Dolmetscher zuzuziehen, so kann die erforderliche Beeidigung des Dolmetschers durch den beurkundenden Beamten erfolgen.

Ermächtigung von Handelsmäklern zu Kaufgeschäften.

Artikel 13.

Die öffentliche Ermächtigung, deren Handelsmäkler zu Verkäufen oder Käufen bedürfen, wird für Orte innerhalb des Bezirkes einer Handelskammer oder einer kaufmännischen Körperschaft durch diese vorbehaltlich der Bestätigung des Regierungspräsidenten, für andere Orte durch den Regierungspräsidenten ertheilt.

Die Ermächtigung wird erst wirksam, wenn der Handelsmäkler den Eid leistet, daß er die ihm obliegenden Pflichten getreu erfüllen werde. Für die Abnahme des Eides ist das Amtsgericht zuständig, in dessen Bezirke der Handelsmäkler seine Geschäftsräume oder in Ermangelung solcher seine Wohnung hat. Die Beeidigung kann auch von der Handelskammer oder der kaufmännischen Korporation vorgenommen werden, welche die Ermächtigung ertheilt hat.

Auf die Rücknahme der Ermächtigung findet die Vorschrift des § 120 Nr. 3 des Gesetzes über die Zuständigkeit der Verwaltungs- und Verwaltungsgerichtsbehörden vom 1. August 1883 (Gesetz-Samml. S. 237) Anwendung.

Gesinderecht.

Artikel 14.

§ 1. Die Vorschrift des § 616 des Bürgerlichen Gesetzbuchs findet auf das Gesindeverhältniß Anwendung.

Die Vorschriften der Gesindeordnungen, nach welchen der Dienstberechtigte für den von dem Gesinde einem Dritten widerrechtlich zugefügten Schaden in weiterem Umfang als nach den Vorschriften des Bürgerlichen Gesetzbuchs verantwortlich ist, treten außer Kraft.

Der Dienstberechtigte kann seine Entschädigungsansprüche wegen Verletzung der dem Gesinde aus dem Dienstverhältniß obliegenden Verpflichtungen gegen dessen Lohnforderung aufrechnen.

Ein Wohnsitz wird durch das Gesindeverhältniß nicht begründet.

§ 2. Im Geltungsbereiche der Dänischen Gesindeordnung vom 10. Mai 1854 werden an Stelle der bisherigen Vorschriften über das Gesinderecht die Schleswig-Holsteinische Gesindeordnung vom

25. Februar 1840 (Chronol. Samml. S. 35) sowie die für ihr Geltungsgebiet erlassenen sonstigen Vorschriften des Gesinderechts, soweit sie noch in Kraft sind, mit den sich aus § 1 ergebenden Aenderungen eingeführt.

Ein zur Zeit des Inkrafttretens des Bürgerlichen Gesetzbuchs bestehendes Gesindeverhältniß bestimmt sich, wenn nicht die Kündigung nach dem Inkrafttreten des Bürgerlichen Gesetzbuchs zu dem ersten Termin erfolgt, für den sie nach den bisherigen Gesetzen zulässig ist, von diesem Termin an nach den neuen Vorschriften.

§ 3. In denjenigen Theilen des Oberlandesgerichtsbezirkes Cassel, in welchen besondere Vorschriften über das Gesinderecht nicht bestehen, werden die Vorschriften des § 7 der Kurhessischen Verordnung, das Gesindewesen in den Landstädten und auf dem Lande betreffend, vom 18. Mai 1801 (Neue Samml. der Landesordnungen Band IV S. 368) insoweit eingeführt, als sie privatrechtliche Nachtheile an den Vertragsbruch knüpfen.

Unter dem zurückstehenden Lohne im Sinne des § 7 Abs. 5 der Verordnung vom 18. Mai 1801 ist der laufende Dienstlohn, jedoch höchstens der Lohn für ein Vierteljahr zu verstehen.

Leibgedingsvertrag.

Artikel 15.

Steht mit der Ueberlassung eines Grundstücks

ein Leibgedingsvertrag (Leibzuchts-, Altentheils-, Auszugs-, Ausgedingevertrag) in Verbindung, so gelten für das sich aus dem Vertrag ergebende Schuldverhältniß, soweit nicht abweichende Vereinbarungen getroffen sind, folgende Vorschriften:

§ 1. Der Erwerber des Grundstücks ist verpflichtet, dem Berechtigten an dem Grundstück eine den übernommenen wiederkehrenden Leistungen entsprechende Reallast und, wenn dem Berechtigten das Recht eingeräumt ist, ein auf dem Grundstücke befindliches Gebäude oder einen Theil eines solchen Gebäudes zu bewohnen oder mitzubewohnen oder einen Theil des Grundstücks in sonstiger Weise zu benutzen, eine entsprechende persönliche Dienstbarkeit, mit dem Range unmittelbar hinter den zur Zeit der Ueberlassung bestehenden Belastungen zu bestellen.

§ 2. Auf das Schuldverhältniß finden die Vorschriften der §§ 759, 760 des Bürgerlichen Gesetzbuchs über die Leibrente Anwendung.

§ 3. Hat der Verpflichtete dem Berechtigten Erzeugnisse solcher Gattung zu leisten, wie sie auf dem überlassenen Grundstücke gewonnen werden, so kann der Berechtigte nur Erzeugnisse von der mittleren Art und Güte derjenigen verlangen, welche auf dem Grundstücke bei ordnungsmäßiger Bewirthschaftung gewonnen werden.

§ 4. Lasten, die auf einen dem Berechtigten

zur Benutzung überlassenen Theil des Grundstücks entfallen, hat der Verpflichtete zu tragen.

§ 5. Ist dem Berechtigten eine abgesonderte Wohnung zu gewähren, so hat der Verpflichtete sie ihm in einem zu dem vertragsmäßigen Gebrauche geeigneten Zustande zu überlassen und während der Dauer seiner Verpflichtung in diesem Zustande zu erhalten.

Wird das Gebäude durch Zufall zerstört, so hat der Verpflichtete die Wohnung in einer nach den Umständen der Billigkeit entsprechenden Zeit und Weise wiederherzustellen und bis zur Wiederherstellung dem Berechtigten eine angemessene andere Wohnung zu beschaffen.

§ 6. Ist dem Berechtigten eine abgesonderte Wohnung zu gewähren, so ist er befugt, seine Familie sowie die zur standesgemäßen Bedienung und zur Pflege erforderlichen Personen in die Wohnung aufzunehmen.

Hat der Verpflichtete dem Berechtigten die Mitbenutzung seiner Wohnung zu gestatten, so erstreckt sich die Befugniß des Berechtigten zur Aufnahme seiner Familie nicht auf Personen, die erst nach der Schließung des Leibgedingsvertrags durch Eheschließung, Ehelichkeitserklärung oder Annahme an Kindesstatt Familienangehörige geworden sind, und nicht auf Kinder, die aus dem Hausstande des Berechtigten ausgeschieden waren.

§ 7. Unterläßt der Verpflichtete die Bewirkung einer vertragsmäßigen Leistung, so steht dem Berechtigten nicht das Recht zu, wegen der Nichterfüllung oder des Verzugs nach § 325 Abs. 2 oder § 326 des Bürgerlichen Gesetzbuchs von dem Vertrage zurückzutreten oder nach § 527 des Bürgerlichen Gesetzbuchs die Herausgabe des Grundstücks zu fordern.

§ 8. Veranlaßt der Verpflichtete durch sein Verhalten eine solche Störung der persönlichen Beziehungen zu dem Berechtigten, daß diesem nicht zugemuthet werden kann, die Wohnung auf dem Grundstücke zu behalten, so hat er dem Berechtigten, falls dieser die Wohnung aufgiebt, den für die Beschaffung einer anderen angemessenen Wohnung erforderlichen Aufwand sowie den Schaden zu ersetzen, der daraus entsteht, daß dieser andere ihm gebührende Leistungen nicht auf dem Grundstück in Empfang nehmen kann; statt der Leistungen kann der Berechtigte Entschädigung in Geld verlangen.

§ 9. Veranlaßt der Berechtigte durch sein Verhalten eine solche Störung der persönlichen Beziehungen zu dem Verpflichteten, daß diesem nicht zugemuthet werden kann, ihm das fernere Wohnen auf dem Grundstücke zu gestatten, so kann ihm der Verpflichtete die Wohnung unter Gewährung einer angemessenen Räumungsfrist kündigen.

Macht der Verpflichtete von dieser Befugniß Gebrauch, so hat er dem Berechtigten eine Geldrente zu gewähren, die nach billigem Ermessen dem Werthe der Vortheile entspricht, welche er durch die Befreiung von der Pflicht zur Gewährung der Wohnung und zu Dienstleistungen erlangt.

Die Vorschrift des Abs. 2 findet auch Anwendung, wenn der Berechtigte durch andere Umstände als durch das Verhalten des Verpflichteten ohne eigenes Verschulden genöthigt ist, das Grundstück dauernd zu verlassen.

§ 10. Ist ein Leibgedinge für mehrere Berechtigte, insbesondere für Ehegatten, vereinbart, so wird der Verpflichtete durch den Tod eines der Berechtigten zu dem Kopftheile des Verstorbenen von seiner Verpflichtung frei, soweit die geschuldeten Leistungen zum Zwecke des Gebrauchs oder Verbrauchs unter den Berechtigten getheilt werden mußten.

Staatsschuldbuch.

Artikel 16.

Das Gesetz, betreffend das Staatsschuldbuch, vom 20. Juli 1883 (Gesetz-Samml. S. 120) wird dahin geändert:

I. Der § 9 erhält folgende Fassung:

Eine Ehefrau wird, unbeschadet der Vorschriften des Artikel 97 Abs. 2 des Einführungsgesetzes zum Bürgerlichen Gesetzbuche, zu Anträgen ohne Zustimmung des Ehemannes zugelassen.

II. Der § 12 Abs. 2 erhält folgende Fassung:

Zur Ausstellung dieser Bescheinigungen ist das Nachlaßgericht und, falls der Erblasser zur Zeit des Erbfalls im Inlande weder Wohnsitz noch Aufenthalt hatte, auch derjenige Konsul des Reichs zuständig, in dessen Amtsbezirke der Erblasser zur Zeit des Erbfalls seinen Wohnsitz oder seinen gewöhnlichen Aufenthalt hatte, sofern dem Konsul von dem Reichskanzler die Ermächtigung zur Ausstellung solcher Bescheinigungen ertheilt ist.

III. Der § 24 wird gestrichen.

Schuldverschreibungen auf den Inhaber.

Artikel 17.

§ 1. Bei den von dem Staate oder einem Kommunalverband ausgestellten Schuldverschreibungen auf den Inhaber hängt die Gültigkeit der Unterzeichnung davon ab, daß die Schuldverschreibung vorschriftsmäßig ausgefertigt ist. Der Aufnahme dieser Bestimmung in die Urkunde bedarf es nicht.

Die Ausfertigung erfolgt bei den über das Kapital lautenden Schuldverschreibungen durch eigenhändige Unterzeichnung des Vermerkes „Ausgefertigt" seitens des damit beauftragten Beamten, bei Zins- und Erneuerungsscheinen durch den Aufdruck eines Trockenstempels, der bei den Schuldverschreibungen des Staates den Königlich Preußischen Adler, bei den Schuldverschreibungen eines Kommunalverbandes das diesem zustehende Siegel enthalten muß.

§ 2. Bei Zinsscheinen, die für Schuldverschreibungen der im § 1 bezeichneten Art oder für Rentenbriefe der zur Vermittelung der Ablösung von Renten in Preußen bestehenden Rentenbanken ausgegeben sind, ist der im § 804 Abs. 1 des Bürgerlichen Gesetzbuchs bestimmte Anspruch ausgeschlossen, ohne daß es der Ausschließung in dem Scheine bedarf.

Das Gleiche gilt für Zinsscheine von Pfandbriefen einer öffentlichen landschaftlichen (ritterschaftlichen) Kreditanstalt oder einer provinzial- (kommunal-) ständischen öffentlichen Grundkreditanstalt.

Artikel 18.

§ 1. Bei Schuldverschreibungen auf den Inhaber, die von einer Preußischen Körperschaft, Stiftung oder Anstalt des öffentlichen Rechtes ausgestellt sind, kann der Inhaber von dem Aussteller verlangen, daß die Schuldverschreibung auf seinen Namen oder auf den Namen eines von ihm bezeichneten Dritten umgeschrieben wird, es sei denn, daß er zur Verfügung über die Urkunde nicht berechtigt ist. Zu Gunsten des Ausstellers gilt der Inhaber als zur Verfügung über die Urkunde berechtigt.

Die Vorschriften des Abs. 1 finden auf Zins-, Renten- und Gewinnantheilscheine sowie auf die auf Sicht zahlbaren Schuldverschreibungen keine Anwendung.

§ 2. Die Umschreibung auf den Namen einer juristischen Person, die ihren Sitz außerhalb des Deutschen Reichs hat, kann nicht verlangt werden.

§ 3. In den Fällen des § 1667 Abs. 2, des § 1815 und des § 2117 des Bürgerlichen Gesetzbuchs kann die Umschreibung mit der gesetzlich vorgeschriebenen Bestimmung verlangt werden.

§ 4. Eine Ehefrau bedarf zu einer Verfügung über die umgeschriebene Schuldverschreibung dem Aussteller gegenüber nicht der Zustimmung des Ehemannes.

§ 5. Wer zur Verfügung über die umgeschriebene Schuldverschreibung berechtigt ist, kann, solange die Schuldverschreibung nicht gekündigt ist, von dem Aussteller die Umschreibung auf seinen Namen oder den Namen eines Dritten, die Rückverwandlung in eine Schuldverschreibung auf den Inhaber und gegen Aushändigung der Urkunde die Ertheilung einer neuen Schuldverschreibung auf den Inhaber verlangen.

§ 6. Die Kosten der Umschreibung, der Rückverwandlung in eine Schuldverschreibung auf den Inhaber und der Ertheilung einer neuen Schuldverschreibung auf den Inhaber hat der Antragsteller zu tragen und vorzuschießen.

§ 7. Die zuständigen Minister erlassen die erforderlichen Ausführungsvorschriften. Sie können insbesondere Bestimmungen treffen:

1. über die Form der an den Aussteller zu richtenden Anträge und der Vollmacht zur Stellung solcher Anträge,
2. über die Form des Nachweises, daß der Antragsteller oder der Empfänger der Zahlung der in der Schuldverschreibung genannte Gläubiger oder sonst zur Verfügung über die Schuldverschreibung berechtigt oder zur Vertretung des Berechtigten befugt ist,
3. über die Form der Umschreibung und der Rückverwandlung in eine Schuldverschreibung auf den Inhaber,
4. über die Sätze, nach denen die im § 6 bezeichneten Kosten zu bemessen sind.

§ 8. Ist den nach Maßgabe des § 7 Nr. 1, 2 bestimmten Erfordernissen genügt, so gilt der Antragsteller oder der Empfänger der Zahlung zu Gunsten des Ausstellers als zur Verfügung über die Schuldverschreibung berechtigt oder zur Vertretung des Berechtigten befugt.

§ 9. Eine abhanden gekommene oder vernichtete Schuldverschreibung, die auf den Namen umgeschrieben ist, kann, wenn nicht in der Urkunde das Gegentheil bestimmt ist, im Wege des Aufgebotsverfahrens für kraftlos erklärt werden.

Die Vorschriften des § 799 Abs. 2 und der

§§ 800, 805 des Bürgerlichen Gesetzbuchs finden entsprechende Anwendung.

§ 10. Die Vorschriften der §§ 1 bis 9 gelten auch für Schuldverschreibungen, die vor dem Inkrafttreten des Bürgerlichen Gesetzbuchs ausgestellt oder auf den Namen umgeschrieben worden sind.

§ 11. Für die Umschreibung einer auf den Inhaber lautenden Schuldverschreibung auf den Namen eines bestimmten Berechtigten ist eine Stempelabgabe nicht zu entrichten.

Unschädlichkeitszeugniß.

Artikel 19.

Die bestehenden Vorschriften über die Ertheilung von Unschädlichkeitszeugnissen zum Zwecke der Befreiung eines Theiles eines Grundstücks von dessen Belastungen bleiben mit folgenden Maßgaben in Kraft:

1. Bei der Entscheidung, ob der Grundstückstheil im Verhältnisse zum Hauptgrundstücke von geringem Werthe und Umfang ist, wird, wenn die Belastungen, von denen der Theil befreit werden soll, noch auf anderen Grundstücken desselben Eigenthümers haften, die Gesammtheit der belasteten Grundstücke als Hauptgrundstück behandelt.
2. Das Unschädlichkeitszeugniß kann auf einzelne Belastungen beschränkt werden.

Artikel 20.

Im Gebiete des vormaligen Herzogthums Nassau und auf der Insel Helgoland treten die Vorschriften des Gesetzes, betreffend die Erleichterung der Abveräußerung einzelner Theile von Grundstücken in der Provinz Hannover, vom 25. März 1889 (Gesetz-Samml. S. 65) mit den im Artikel 19 bestimmten Aenderungen in Kraft; auf das Verfahren und das Kostenwesen finden ergänzend die allgemeinen Vorschriften, die für Gemeinheitstheilungen im Gebiete des vormaligen Herzogthums Nassau und in der Provinz Schleswig-Holstein gelten, entsprechende Anwendung.

Die Unschädlichkeitszeugnisse, die bezüglich der im § 1 Nr. 3 des Gesetzes vom 25. März 1889 bezeichneten Geschäfte ausgestellt werden, sind stempel- und gebührenfrei.

Landeskulturrenten.

Artikel 21.

Das Gesetz, betreffend die Errichtung von Landeskultur-Rentenbanken, vom 13. Mai 1879 (Gesetz-Samml. S. 367) wird dahin geändert:

I. Im § 14 Abs. 1 werden die Worte „Der Darlehnssucher hat durch Eintragung eines Vermerks in das Grund- oder Hypothekenbuch das Vorrecht der Rente vor allen späteren Eintragungen oder gesetzlichen Hypotheken zu sichern" ersetzt durch die Worte:

„Der Darlehnssucher hat eine Vormerkung zur Sicherung des Anspruchs auf Einräumung der Rente in das Grundbuch eintragen zu lassen“.

II. Der § 24 erhält folgenden Abs. 3:

Bei der Eintragung der Rente ist zugleich auf Grund des Beschlusses der Auseinandersetzungsbehörde (§ 22) eine Vormerkung zur Sicherung des Anspruchs auf Einräumung des Vorzugsrechts für die Rente einzutragen.

III. An die Stelle des § 25 Abs. 1 tritt folgende Vorschrift:

Die Eintragung des Vorzugsrechts der Rente im Grundbuch erfolgt auf Grund einer Bescheinigung der Auseinandersetzungsbehörde, daß die zweckmäßige Ausführung der Drainirungsanlage geschehen ist.

IV. An die Stelle des § 27 Abs. 1 tritt folgende Vorschrift:

Die Eintragung der im § 24 Abs. 3 bezeichneten Vormerkung und des Vorzugsrechts der Rente erfolgt ohne Vorlegung der über die vorhandenen Realrechte ausgefertigten Urkunden. Wird eine solche Urkunde nachträglich vorgelegt, so hat das Grundbuchamt die Eintragung auf ihr zu vermerken.

Der Eintragung nicht bedürfende Rechte.

Artikel 22.

Zur Erhaltung der Wirksamkeit gegenüber dem öffentlichen Glauben des Grundbuchs bedürfen der Eintragung nicht:

1. das in den Fällen der Enteignung oder der Grundabtretung zu Zwecken des Bergbaubetriebs bestehende gesetzliche Vorkaufsrecht;
2. die Gebrauchs- und Nutzungsrechte, welche nach den §§ 8, 142 des Allgemeinen Berggesetzes vom 24. Juni 1865 (Gesetz-Samml. S. 705) im Wege des Zwangsverfahrens erworben werden können;
3. die den Rentenbanken überwiesenen Renten und die Domänen-Amortisationsrenten; die für die Provinz Hannover bisher geltenden entgegenstehenden Vorschriften werden aufgehoben.

Nachbarrechtliche Beschränkungen des Eigenthums.

Artikel 23.

§ 1. Werden im bisherigen Geltungsbereiche des Rheinischen Rechtes zwei Grundstücke durch eine Mauer geschieden, zu deren Benutzung die Eigenthümer der Grundstücke gemeinschaftlich berechtigt sind, so kann der Eigenthümer des einen Grundstücks dem Eigenthümer des anderen Grundstücks nicht verbieten, die Mauer ihrer ganzen Dicke nach zu erhöhen, wenn ihm nachgewiesen wird, daß durch die Erhöhung die Mauer nicht gefährdet wird.

Der sich aus der Vorschrift des Abs. 1 ergebende Anspruch unterliegt nicht der Verjährung.

§ 2. Der Eigenthümer des Grundstücks, von dem aus die Erhöhung erfolgt ist, kann dem Eigenthümer des anderen Grundstücks die Benutzung des Aufbaues verbieten, bis ihm für die Hälfte oder, wenn nur ein Theil des Aufbaues benutzt werden soll, für den entsprechenden Theil der Baukosten Ersatz geleistet wird. Solange das Verbietungsrecht besteht, hat der Berechtigte den Mehraufwand zu tragen, den die Unterhaltung der Mauer in Folge der Erhöhung verursacht.

Das Verbietungsrecht erlischt durch Einigung der Eigenthümer.

§ 3. Wird die Mauer zum Zwecke der Erhöhung verstärkt, so ist die Verstärkung auf dem Grundstück anzubringen, dessen Eigenthümer die Erhöhung unternimmt. Der von dem Eigenthümer des anderen Grundstücks nach § 2 zu ersetzende Betrag der gesammten Baukosten erhöht sich um den entsprechenden Theil des Werthes der zu der Verstärkung verwendeten Grundfläche. Verlangt der Eigenthümer des Grundstücks, auf dem die Verstärkung angebracht worden ist, die Ersatzleistung, so ist er verpflichtet, dem Eigenthümer des anderen Grundstücks das Eigenthum an der zu der Mauer verwendeten Grundfläche seines Grundstücks soweit zu übertragen, daß die neue Grenzlinie durch die Mitte der verstärkten Mauer geht; die Vorschriften über den Kauf finden Anwendung.

Artikel 24.

Hat im bisherigen Geltungsbereiche des Rheinischen Rechtes der Eigenthümer eines Grundstücks vor dem Inkrafttreten des Bürgerlichen Gesetzbuchs auf Grund des Artikel 663 des Rheinischen Bürgerlichen Gesetzbuchs von seinem Nachbar verlangt, daß er zur Errichtung einer Scheidemauer beitrage, so bleiben für das Recht und die Pflicht zur Errichtung der Mauer die bisherigen Vorschriften maßgebend.

Widerrufliches Eigenthum an Grundstücken.

Artikel 25.

Steht im bisherigen Geltungsbereiche des Rheinischen Rechtes dem früheren Eigenthümer eines Grundstücks auf Grund eines Rechtsgeschäfts, durch welches das Grundstück veräußert worden ist, ein Recht zu, vermöge dessen bei dem Eintritt eines bestimmten Umstandes das Eigenthum an dem Grundstücke mit rückwirkender Kraft an ihn zurückfällt, so verwandelt sich das Rückfallsrecht zu der Zeit, zu welcher das Grundbuch als angelegt anzusehen ist, in einen Anspruch auf Rückübertragung des Eigenthums und Befreiung des Grundstücks von den dem Rückfallsberechtigten gegenüber nicht wirksamen Belastungen. Diejenigen, gegen welche sich der Anspruch richtet, sind verpflichtet, die Eintragung einer Vormerkung zur Sicherung des Anspruchs zu bewilligen.

Die vor der im Abs. 1 bezeichneten Zeit erfolgte Eintragung des Rückfallsrechts gilt als Eintragung einer Vormerkung.

Form der Auflassung.

Artikel 26.

Für Grundstücke, die im bisherigen Geltungsbereiche des Rheinischen Rechtes belegen sind, gelten folgende Vorschriften:

§ 1. Die Auflassung sowie die zur Bestellung oder Uebertragung eines Erbbaurechts erforderliche Einigung kann außer vor dem Grundbuchamt auch vor einem anderen Preußischen Amtsgericht oder vor einem Preußischen Notar erklärt werden. Durch Königliche Verordnung kann bestimmt werden, daß auch die Amtsgerichte oder die Notare anderer Bundesstaaten zuständig sind.

Jeder Theil ist berechtigt, zu verlangen, daß die Auflassung vor dem Grundbuchamt erfolgt.

§ 2. Bei der Auflassung bedarf es der gleichzeitigen Anwesenheit beider Theile nicht, wenn das Grundstück durch ein Amtsgericht oder einen Notar versteigert worden ist und die Auflassung noch in dem Versteigerungstermine stattfindet.

Uebertragung des Eigenthums an buchungsfreien Grundstücken.

Artikel 27.

Zur Uebertragung des Eigenthums an einem Grundstücke, das im Grundbuche nicht eingetragen ist und auch nach der Uebertragung nicht eingetragen zu werden braucht, ist die Einigung des Veräußerers und des Erwerbers über den Eintritt der Uebertragung erforderlich. Die Einigung bedarf der gerichtlichen oder notariellen Beurkundung; wird einer der Betheiligten durch eine öffentliche Behörde vertreten, so genügt die Beurkundung durch einen nach Artikel 12 § 2 für die Beurkundung des Veräußerungsvertrags zuständigen Beamten.

Die Uebertragung des Eigenthums kann nicht unter einer Bedingung oder einer Zeitbestimmung erfolgen.

Besitzschutz bei Grunddienstbarkeiten.

Artikel 28.

Für den Schutz der Ausübung einer Grunddienstbarkeit gelten, auch bevor das Grundbuch für das Grundstück als angelegt anzusehen ist, wenn die Grunddienstbarkeit in einem über das Grundstück geführten gerichtlichen Buche eingetragen ist, die Vorschriften des § 1029 des Bürgerlichen Gesetzbuchs, anderenfalls die Vorschriften des Artikel 191 Abs. 2 des Einführungsgesetzes zum Bürgerlichen Gesetzbuche.

Wiederkaufsrecht bei Rentengütern.

Artikel 29.

§ 1. Ein Grundstück, welches gegen Uebernahme einer festen Geldrente zu Eigenthum übertragen ist (Rentengut), kann zu Gunsten des Veräußerers in der Weise belastet werden, daß dieser dem Eigenthümer gegenüber zum Wiederkaufe berechtigt ist.

Das Wiederkaufsrecht kann auch zu Gunsten des jeweiligen Eigenthümers eines Grundstücks des Veräußerers bestellt werden.

§ 2. Ein Bruchtheil eines Rentenguts kann mit dem Wiederkaufsrechte nur belastet werden, wenn er in dem Antheil eines Miteigenthümers besteht.

§ 3. Das Wiederkaufsrecht beschränkt sich auf die Fälle, daß der Eigenthümer das Rentengut verkauft oder sich durch einen sonstigen Vertrag zur Uebertragung des Eigenthums verpflichtet oder daß das Rentengut im Wege der Zwangsversteigerung veräußert wird; es kann auch für die Fälle bestellt werden, daß der Eigenthümer stirbt oder eine im Rentengutsvertrage festgesetzte Verpflichtung nicht erfüllt.

§ 4. Das Wiederkaufsrecht erstreckt sich auf das zur Zeit der Ausübung vorhandene Zubehör.

§ 5. Das Rechtsverhältniß zwischen dem Berechtigten und dem Verpflichteten bestimmt sich nach den Vorschriften des § 497 Abs. 1 und der §§ 498 bis 502 des Bürgerlichen Gesetzbuchs.

Dritten gegenüber hat das Wiederkaufsrecht die Wirkung einer Vormerkung zur Sicherung des durch die Ausübung des Rechtes entstehenden Anspruchs auf Uebertragung des Eigenthums.

§ 6. Das Wiederkaufsrecht kann nur bis zum Ablaufe von drei Monaten nach dem Zeitpunkt ausgeübt werden, in welchem der Berechtigte von dem Eintritte des zum Wiederkaufe berechtigenden Falles Kenntniß erhält. Ist für die Ausübung eine Frist bestimmt, so tritt diese an die Stelle der gesetzlichen Frist.

§ 7. Gelangt das Rentengut in das Eigenthum eines Dritten, so kann dieser die Zustimmung zur Eintragung des Berechtigten als Eigenthümer und die Herausgabe des Rentenguts verweigern, bis ihm der Wiederkaufspreis soweit ausgezahlt wird, als er oder sein Rechtsvorgänger für den Erwerb des Rentenguts Aufwendungen gemacht hat. Erlangt der Berechtigte die Eintragung als Eigenthümer, so kann der bisherige Eigenthümer von ihm die Erstattung der für den Erwerb des Rentenguts gemachten Aufwendungen bis zur Höhe des Wiederkaufspreises gegen Herausgabe des Rentenguts fordern.

§ 8. Soweit der Berechtigte nach § 7 den Dritten zu entschädigen hat, wird er von der Verpflichtung zur Zahlung des aus dem Wiederkaufe geschuldeten Kaufpreises frei.

§ 9. Verliert der neue Eigenthümer in Folge der Geltendmachung des Wiederkaufsrechts das Eigenthum, so wird er, soweit die für den Erwerb des Rentenguts von ihm geschuldete Gegenleistung noch nicht berichtigt ist, von seiner Verpflichtung frei; die für den Erwerb bereits gemachten Aufwendungen kann er soweit zurückfordern, als sie durch den an ihn gezahlten Wiederkaufspreis nicht gedeckt sind.

§ 10. Ein zu Gunsten des jeweiligen Eigenthümers eines Grundstücks bestehendes Wiederkaufsrecht kann nicht von dem Eigenthum an diesem Grundstücke getrennt werden.

Ein zu Gunsten einer bestimmten Person bestehendes Wiederkaufsrecht kann nicht mit dem Eigenthum an einem Grundstücke verbunden werden.

§ 11. Ist der Berechtigte unbekannt, so kann er im Wege des Aufgebotsverfahrens mit seinem Rechte ausgeschlossen werden, wenn die im § 1170 des Bürgerlichen Gesetzbuchs für die Ausschließung eines Hypothekengläubigers bestimmten Voraussetzungen vorliegen. Mit der Erlassung des Ausschlußurtheils erlischt das Wiederkaufsrecht.

Auf ein Wiederkaufsrecht, das zu Gunsten des jeweiligen Eigenthümers eines Grundstücks besteht, finden diese Vorschriften keine Anwendung.

Beschränkung der Reallasten.

Artikel 30.

Im linksrheinischen Theile der Rheinprovinz, im Kreise Herzogthum Lauenburg und auf der Insel Helgoland treten folgende Vorschriften in Kraft:

Mit Ausnahme fester Geldrenten können beständige Abgaben und Leistungen einem Grundstücke als Reallasten nicht auferlegt werden.

Eine neu auferlegte Geldrente ist der Eigenthümer nach vorgängiger sechsmonatiger Kündigung mit dem zwanzigfachen Betrag abzulösen berechtigt, sofern nicht ein Anderes bestimmt ist. Es kann jedoch vertragsmäßig die Kündigung nur während eines bestimmten Zeitraums, welcher dreißig Jahre nicht übersteigen darf, ausgeschlossen und ein höherer Ablösungsbetrag als der fünfundzwanzigfache Betrag der Rente nicht festgesetzt werden.

Vertragsmäßige Bestimmungen, welche diesen Vorschriften zuwiderlaufen, sind unwirksam, unbeschadet der Rechtsverbindlichkeit des sonstigen Inhalts eines solchen Vertrags.

Die Vorschriften über Rentengüter bleiben unberührt.

Vertheilung von Reallasten.

Artikel 31.

Die Vorschriften, nach welchen im Falle der Theilung eines mit einer Reallast belasteten Grundstücks die Reallast auf die einzelnen Theile des Grundstücks vertheilt wird, bleiben in Kraft. Die Vertheilung ist bei der Auseinandersetzungsbehörde zu beantragen.

Kündigungsrecht bei Hypotheken und Grundschulden.

Artikel 32.

§ 1. Bei Hypothekenforderungen, Grundschulden und Rentenschulden kann das Kündigungsrecht des Eigenthümers nur soweit ausgeschlossen werden, daß der Eigenthümer nach zwanzig Jahren unter Einhaltung einer sechsmonatigen Frist kündigen kann.

§ 2. Kapitalien, die zur Zeit des Inkrafttretens des Bürgerlichen Gesetzbuchs auf einem Grundstück oder einer Gerechtigkeit angelegt sind und bisher seitens des Schuldners unkündbar oder erst nach einer längeren als einer zwanzigjährigen Frist kündbar waren, können nach dem Ablaufe von zwanzig Jahren seit dem Inkrafttreten des Bürgerlichen Gesetzbuchs unter Einhaltung einer sechsmonatigen Frist gekündigt werden, sofern nicht nach den bisherigen Gesetzen die Kündbarkeit schon vorher eintritt.

Bestehende Hypotheken.

Artikel 33.

§ 1. Eine zu der Zeit, zu welcher das Grundbuch als angelegt anzusehen ist, bestehende Hypothek gilt von dieser Zeit an als eine Hypothek, für welche die Ertheilung des Hypothekenbriefs nicht ausgeschlossen ist, wenn über sie nach den geltenden Vorschriften ein Hypothekenbrief gebildet oder zu bilden ist. Ein vor der bezeichneten Zeit gebildeter Hypothekenbrief gilt als Hypothekenbrief im Sinne der Reichsgesetze.

Die Vorschriften des Abs. 1 finden auf Kautionshypotheken keine Anwendung.

§ 2. Im ursprünglichen Geltungsbereiche der Grundbuchordnung vom 5. Mai 1872 sowie in Ostfriesland und Harlingerland, in der Niedergrafschaft Lingen und in den ehemals Münsterschen Ortschaften der Provinz Hannover steht ein vor dem Inkrafttreten der Grundbuchordnung gebildetes Hypotheken-Instrument einem später gebildeten Hypothekenbriefe gleich.

In den übrigen Landestheilen erfolgt die nach den geltenden Vorschriften zulässige Ertheilung eines Hypothekenbriefs kostenfrei, wenn sie vor der Zeit, zu welcher das Grundbuch als angelegt anzusehen ist, beantragt wird. Ist wegen Unterlassung des Antrags die Ertheilung eines Briefes ausgeschlossen, so werden im Falle nachträglicher

Aufhebung der Ausschließung für die Eintragung der Aufhebung sowie für die gerichtliche Beurkundung oder Beglaubigung der Eintragungsbewilligung und für die Ertheilung des Briefes Kosten nicht erhoben, wenn die Eintragung innerhalb eines Jahres nach dem Inkrafttreten des Bürgerlichen Gesetzbuchs beantragt wird.

§ 3. Im bisherigen Geltungsbereiche des Gesetzes über das Grundbuchwesen in dem Bezirke des Appellationsgerichts zu Cassel ꝛc. vom 29. Mai 1873 (Gesetz-Samml. S. 273) gelten für die vor dem 1. Juli 1874 errichteten und nicht in Hypotheken des Preußischen Rechtes umgewandelten Hypotheken folgende Vorschriften:

1. Bis zu der Zeit, zu welcher das Grundbuch als angelegt anzusehen ist, wird bei der Hypothek auf Antrag eines Gläubigers, dem eine ihr gleich- oder nachstehende Hypothek oder Grundschuld zusteht, ein Widerspruch gegen das Bestehen der Hypothek kostenfrei eingetragen. Zur Eintragung genügt der Antrag des Gläubigers.
2. Soweit zu der unter Nr. 1 bezeichneten Zeit die Hypothek noch besteht, gilt sie von dieser Zeit an als Sicherungshypothek, auch wenn der Betrag der gesicherten Forderung bestimmt ist.
3. Auf die Hypothek finden in Ansehung der Ausschließung des unbekannten Gläubigers

im Wege des Aufgebotsverfahrens die Vorschriften des § 1170 des Bürgerlichen Gesetzbuchs auch insoweit Anwendung, als die Hypothek zu der unter Nr. 1 bezeichneten Zeit nicht mehr besteht. Ein Gläubiger, dem zu dieser Zeit eine der Hypothek gleich- oder nachstehende Hypothek oder Grundschuld zusteht, kann nach der Erlassung des Ausschlußurtheils die Löschung der Hypothek in gleicher Weise verlangen, wie wenn zur Sicherung des Rechtes auf Löschung eine Vormerkung im Grundbuch eingetragen wäre.

Wird das Aufgebotsverfahren vor dem Ablaufe von zwei Jahren nach der bezeichneten Zeit beantragt, so werden für das Verfahren und für die Löschung der Hypothek Gebühren nicht erhoben.

4. Soll die Hypothek nach § 1186 des Bürgerlichen Gesetzbuchs in eine gewöhnliche Hypothek umgewandelt werden, so werden für die Eintragung der Umwandlung sowie für die gerichtliche Beurkundung oder Beglaubigung der Eintragungsbewilligung und für die Ertheilung eines Hypothekenbriefs Gebühren nicht erhoben, wenn die Umwandlung innerhalb eines Jahres nach der unter Nr. 1 bezeichneten Zeit beantragt wird.

§ 4. Die nach den Vorschriften des Rheinischen Bürgerlichen Gesetzbuchs begründeten Privilegien und Hypotheken, die zu der Zeit, zu welcher das Grundbuch als angelegt anzusehen ist, nicht durch Einschreibung im Hypothekenregister oder durch Eintragung im Grundbuche wirksam geworden sind, verwandeln sich in Ansprüche auf Bestellung einer Sicherungshypothek, soweit nicht im Artikel 56 § 9 ein Anderes bestimmt ist. Gerichtliche Hypotheken dieser Art erlöschen, unbeschadet der dem Gläubiger auf Grund eines vollstreckbaren Titels nach den reichsgesetzlichen Vorschriften zustehenden Befugnisse.

Privilegien und Hypotheken an Nießbrauchsrechten verwandeln sich, wenn sie zu der im Abs. 1 bezeichneten Zeit wirksam geworden sind, in Pfandrechte an dem Nießbrauch, andernfalls in Ansprüche auf Bestellung eines Pfandrechts; die Vorschriften des Abs. 1 finden entsprechende Anwendung.

Bestehende Grundschulden.

Artikel 34.

Wird im Falle der Blankoabtretung einer Grundschuld die durch einen Namen ausgefüllte Abtretungserklärung vor dem Inkrafttreten des Bürgerlichen Gesetzbuchs behufs Sicherstellung der Zeit der Ausfüllung einem Amtsgerichte vorgelegt, so hat das Gericht die Bescheinigung auf der Urkunde gebühren- und stempelfrei zu ertheilen.

Uebertragung von Vorschriften auf Rentenschulden.

Artikel 35.

Die neben dem Bürgerlichen Gesetzbuch in Kraft

bleibenden Vorschriften, die sich auf Hypotheken und Grundschulden beziehen, finden auf Rentenschulden entsprechende Anwendung.

Auseinandersetzungen.

Artikel 36.

In dem vormaligen Herzogthume Nassau tritt das Gesetz, betreffend die Berichtigung des Grundsteuerkatasters und der Grundbücher bei Auseinandersetzungen vor Bestätigung des Rezesses, vom 26. Juni 1875 (Gesetz-Samml. S. 325) mit dem Zeitpunkt, in welchem das Grundbuch für einen Bezirk als angelegt anzusehen ist, für den Bezirk in Kraft.

Bei Güterkonsolidationen und Auseinandersetzungen finden die Vorschriften des § 25 Abs. 2 der Verordnung, betreffend die Ablösung der Servituten 2c. für das vormalige Kurfürstenthum Hessen, vom 13. Mai 1867 (Gesetz-Samml. S. 716) entsprechende Anwendung.

Bergrecht.

Artikel 37.

Das Allgemeine Berggesetz vom 24. Juni 1865 (Gesetz-Samml. S. 705) wird dahin geändert:

1. An die Stelle des § 50 tritt folgende Vorschrift:

   Das Bergwerkseigenthum wird durch die Verleihung begründet sowie durch Konsolidation, Theilung von Grubenfeldern oder Austausch von Feldestheilen erworben.

Für das Bergwerkseigenthum gelten die sich auf Grundstücke beziehenden Vorschriften des Bürgerlichen Gesetzbuchs, soweit nicht aus diesem Gesetze sich ein Anderes ergiebt.

Mit der gleichen Beschränkung finden die für den Erwerb des Eigenthums und die Ansprüche aus dem Eigenthum an Grundstücken geltenden Vorschriften auf das Bergwerkseigenthum entsprechende Anwendung.

II. Die §§ 52, 53 werden gestrichen.

III. Der § 60 Abs. 3 erhält folgende Fassung:

Der Hülfsbau gilt als Bestandtheil des berechtigten Bergwerkes oder, wenn die Eigenthümer mehrerer Bergwerke sich zur gemeinschaftlichen Anlage eines Hülfsbaues vereinigt und keine anderweitige Vereinbarung getroffen haben, als Bestandtheil der berechtigten Bergwerke. Er bedarf, wenn der Hülfsbauberechtigte den Besitz erlangt hat, zur Wirksamkeit gegenüber dem öffentlichen Glauben des Grundbuchs nicht der Eintragung in das Grundbuch.

IV. Im § 85a Abs. 4 werden

1. im Satz 1 die Worte: „der Vater oder Vormund" ersetzt durch die Worte: „der gesetzliche Vertreter",
2. im Satz 2 die Worte: „des Vaters oder Vormundes" ersetzt durch die Worte: „des gesetzlichen Vertreters".

V. Im § 85b werden:

1. im Satz 4 die Worte: „an den Vater oder Vormund, sofern diese es verlangen" ersetzt durch die Worte:
   „an den gesetzlichen Vertreter, sofern dieser es verlangt",
2. im Satz 5 die Worte: „an die Mutter" ersetzt durch die Worte:
   „an die zur gesetzlichen Vertretung nicht berechtigte Mutter".

VI. Im § 85c treten an die Stelle des Satz 2 folgende Vorschriften:

Die Ausstellung erfolgt auf Antrag oder mit Zustimmung des gesetzlichen Vertreters; ist die Erklärung des gesetzlichen Vertreters nicht zu beschaffen oder verweigert er die Zustimmung ohne genügenden Grund und zum Nachtheile des Arbeiters, so kann die Gemeindebehörde die Zustimmung ergänzen.

VII. Im § 85e Abs. 1 werden die Worte: „seines Vaters oder Vormundes" ersetzt durch die Worte:

„seines gesetzlichen Vertreters".

VIII. Im § 85h werden die Worte: „des Minderjährigen, seines Vaters oder Vormundes" ersetzt durch die Worte:

„des Minderjährigen oder seines gesetzlichen Vertreters".

IX. Der § 101 Abs. 3 erhält folgende Fassung:

Die Kuxe sind untheilbar. Sie gehören zum beweglichen Vermögen.

X. Der § 128 erhält folgende Fassung:

Soweit der gegenwärtige Titel nichts Anderes bestimmt, sind die durch die Bestellung eines Repräsentanten oder Grubenvorstandes entstehenden Rechtsverhältnisse nach den allgemeinen Vorschriften über die Vollmacht und den Auftrag zu beurtheilen.

XI. Der § 148 erhält folgenden neuen Absatz:

Den Hypotheken-, Grundschuld- und Rentenschuldgläubigern wird eine besondere Entschädigung nicht gewährt.

XII. Der § 228 Abs. 2 wird gestrichen.

XIII. An die Stelle des § 231 treten folgende Vorschriften:

Für die Kuxe gelten die sich auf Grundstücke beziehenden Vorschriften des Bürgerlichen Gesetzbuchs, soweit nicht ein Anderes bestimmt ist.

Die für den Erwerb des Eigenthums und die Ansprüche aus dem Eigenthum an Grundstücken geltenden Vorschriften finden auf die Kuxe entsprechende Anwendung.

XIV. Im § 235a Abs. 1 werden die Worte: „die Eigenschaft der beweglichen Sachen haben" ersetzt durch die Worte:

„zum beweglichen Vermögen gehören".

XV. Der § 240 Abs. 3 erhält folgende Fassung:

Der Beschluß ist gerichtlich oder notariell aufzunehmen.

Artikel 38.

In dem Gesetze, betreffend die Rechtsverhältnisse des Stein- und Braunkohlen-Bergbaues in den Landestheilen, in welchen das Kurfürstlich Sächsische Mandat vom 19. August 1743 Gesetzeskraft hat, vom 22. Februar 1869 (Gesetz-Samml. S. 401) treten an die Stelle der §§ 2 bis 8 folgende Vorschriften

§ 2.

Das Recht zum Stein- oder Braunkohlen Bergbau kann von dem Eigenthum an dem Grundstück, in welchem die Stein- oder Braunkohlen anstehen, abgetrennt und als selbständige Gerechtigkeit für den Grundeigenthümer oder für einen Dritten bestellt werden.

§ 3.

Zur Bestellung einer selbständigen Kohlenabbau-Gerechtigkeit für den Grundeigenthümer ist dessen Erklärung gegenüber dem Grundbuchamte, daß die Gerechtigkeit für ihn in das Grundbuch eingetragen werden soll, und die Eintragung erforderlich; die Vorschrift des § 878 des Bürgerlichen Gesetzbuchs findet Anwendung.

Zur Bestellung der selbständigen Kohlenabbau-Gerechtigkeit für einen Dritten ist die Einigung des Grundeigenthümers und des Erwerbers über die Bestellung der Gerechtigkeit und die Eintragung im Grundbuch erforderlich; die Einigung muß bei gleichzeitiger Anwesenheit beider Theile vor dem Grundbuchamt erklärt werden.

§ 4.

Die Eintragung der selbständigen Gerechtigkeit in das Grundbuch soll nur erfolgen, wenn dem Grundbuchamt ein Situationsriß vorgelegt wird; auf den Situationsriß finden die Vorschriften des § 17 des Allgemeinen Berggesetzes vom 24. Juni 1865, mit Ausschluß der Bestimmung über die Angabe des Fundpunktes, Anwendung.

§ 5.

Für die nach § 1 bestehenden und die später vom Grundeigenthum abgetrennten Kohlenabbau-Gerechtigkeiten gelten die sich auf Grundstücke beziehenden Vorschriften des Bürgerlichen Gesetzbuchs.

Die für den Erwerb des Eigenthums und die Ansprüche aus dem Eigenthum an Grundstücken geltenden Vorschriften finden entsprechende Anwendung.

§ 6.

Die Vorschriften über die Ertheilung von Unschädlichkeitszeugnissen finden mit der Maßgabe Anwendung, daß das Zeugniß auch dann ertheilt werden darf, wenn die vorhandenen Eintragungen im Grundbuche nach Abtrennung der Kohlenabbau=Gerechtigkeit noch innerhalb der ersten zwei Drittel des Werthes ländlicher oder der ersten Hälfte des Werthes städtischer Grundstücke versichert sind.

§ 7.

Eine Kohlenabbau=Gerechtigkeit kann nur dann einer anderen als Bestandtheil zugeschrieben oder mit ihr vereinigt werden, wenn die Gerechtigkeiten mit ihren Feldern an einander grenzen und zu einem einheitlichen Baue zusammengefaßt sind und wenn außerdem die auf den einzelnen Gerechtigkeiten haftenden Belastungen auf Grund einer die Rangordnung regelnden Einigung mit den Berechtigten auf das aus den Gerechtigkeiten gebildete Ganze übertragen werden.

§ 8.

Ist ein Kohlenfeld vollständig abgebaut, so kann die Kohlenabbau=Gerechtigkeit auf Antrag eines betheiligten Grundeigenthümers oder desjenigen, welchem ein Recht an dem Grundstücke zusteht, im Grundbuche gelöscht werden.

Zur Begründung des Antrags ist ein Zeugniß der Bergbehörde darüber beizubringen, daß das Kohlenfeld gänzlich abgebaut ist und daß auf dem Felde Gebäude oder sonstige zur Grube gehörende unbewegliche Bestandtheile nicht mehr vorhanden sind. Vor der Ertheilung des Zeugnisses sind diejenigen, welchen ein Recht an der Gerechtigkeit zusteht, zu hören.

Auf Grund des Zeugnisses schließt das Grundbuchamt das für die Gerechtigkeit angelegte Blatt und löscht die auf diesem eingetragenen Rechte. Zur Löschung einer Hypothek, Grundschuld oder Rentenschuld ist die Vorlegung des Briefes nicht erforderlich; das Grundbuchamt hat den Besitzer des Briefes zur Vorlegung anzuhalten, um nachträglich die Löschung auf dem Briefe zu vermerken.

Artikel 39.

Ist in dem Herzogthume Schlesien und der Grafschaft Glatz in Ansehung einer im Grundbuch eingetragenen Berechtigung zur Gewinnung von Eisenerzen der Berechtigte unbekannt, so kann er im Wege des Aufgebotsverfahrens mit seinem Rechte ausgeschlossen werden, wenn die im § 1170 des Bürgerlichen Gesetzbuchs für die Ausschließung eines Hypothekengläubigers bestimmten Voraussetzungen vorliegen. Mit der Erlassung des Ausschlußurtheils erlischt das Recht.

Selbständige Gerechtigkeiten.

Artikel 40.

Für Gerechtigkeiten, die nach den bisherigen Gesetzen in Ansehung der Eintragung in die gerichtlichen Bücher und der Verpfändung den Grundstücken gleichstehen (selbständige Gerechtigkeiten), gelten die sich auf Grundstücke beziehenden Vorschriften des Bürgerlichen Gesetzbuchs, wenn die Gerechtigkeit ein Grundbuchblatt erhalten hat.

Unter der gleichen Voraussetzung finden die für den Erwerb des Eigenthums und die Ansprüche aus dem Eigenthum an Grundstücken geltenden Vorschriften auf eine solche Gerechtigkeit entsprechende Anwendung.

Die besonderen Vorschriften über die selbständigen Kohlenabbau-Gerechtigkeiten in den vormals Königlich Sächsischen Landestheilen werden durch die Bestimmungen dieses Artikels nicht berührt.

Pfandleihgewerbe.

Artikel 41.

Das Gesetz, betreffend das Pfandleihgewerbe, vom 17. März 1881 (Gesetz-Samml. S. 265) wird dahin geändert:

I. Der § 3 Abs. 2, 3 und der § 9 Abs. 2 werden gestrichen.

II. An die Stelle des § 10 treten folgende Vorschriften:

§ 10.

Der Verkauf des Pfandes ist im Wege öffentlicher Versteigerung zu bewirken.

Der Pfandleiher kann bei der Versteigerung mitbieten. Erhält er den Zuschlag, so ist der Kaufpreis als von ihm empfangen anzusehen.

§ 10a.

Hat das Pfand einen Börsen- oder Marktpreis, so kann der Pfandleiher den Verkauf aus freier Hand durch einen zu solchen Verkäufen öffentlich ermächtigten Handelsmäkler oder durch eine zur öffentlichen Versteigerung befugte Person zum laufenden Preise bewirken.

§ 10b.

Gold- und Silbersachen dürfen nicht unter dem Gold- oder Silberwerthe zugeschlagen werden.

Wird ein genügendes Gebot nicht abgegeben, so kann der Verkauf durch eine zur öffentlichen Versteigerung befugte Person aus freier Hand zu einem den Gold- oder Silberwerth erreichenden Preise erfolgen.

Eheschließung.

Artikel 42.

Die Vorschriften, nach welchen für Staatsbeamte und Geistliche zur Eingehung einer Ehe eine besondere Erlaubniß erforderlich ist, werden aufgehoben.

Artikel 43.

§ 1. Wollen Ausländer oder Ausländerinnen in Preußen eine Ehe eingehen, so haben sie ein

Zeugniß der zuständigen Behörde des Staates, dem sie angehören, darüber beizubringen, daß der Behörde ein nach den Gesetzen dieses Staates bestehendes Ehehinderniß nicht bekannt geworden ist.

§ 2. Ausländer haben außerdem ein Zeugniß der zuständigen Behörde des Staates, dem sie angehören, darüber beizubringen, daß sie nach den Gesetzen dieses Staates ihre Staatsangehörigkeit nicht durch die Eheschließung verlieren, sondern auf ihre Ehefrau und ihre ehelichen oder durch die nachfolgende Ehe legitimirten Kinder übertragen.

§ 3. Die nach den §§ 1, 2 erforderlichen Zeugnisse müssen von einem Konsul oder Gesandten des Reichs mit der Bescheinigung versehen sein, daß die das Zeugniß ausstellende Behörde für die Ausstellung zuständig ist.

Diese Vorschrift findet auf solche Zeugnisse keine Anwendung, welche nach den Bestimmungen der Staatsverträge über die Beglaubigung der von öffentlichen Behörden ausgestellten Urkunden keiner Beglaubigung bedürfen.

§ 4. Von der Vorschrift des § 1 kann der Justizminister im einzelnen Falle, von der Vorschrift des § 2 kann der Minister des Innern im einzelnen Falle oder für die Angehörigen eines ausländischen Staates im Allgemeinen Befreiung bewilligen.

§ 5. Die für die Eheschließung von Ausländern bisher geltenden landesgesetzlichen Vorschriften werden aufgehoben.

§ 6. Will ein Angehöriger der rechtsrheinischen Gebietstheile des Königreichs Bayern in Preußen eine Ehe eingehen, so hat er das nach den Vorschriften der Bayerischen Gesetze erforderliche Verehelichungszeugniß beizubringen.

Güterstand bestehender Ehen.

Artikel 44.

Für den Güterstand der zur Zeit des Inkrafttretens des Bürgerlichen Gesetzbuchs bestehenden Ehen treten, wenn die Ehegatten zu der bezeichneten Zeit in Preußen ihren Wohnsitz haben, von dieser Zeit an nach Maßgabe der Artikel 45 bis 64 an die Stelle der bisherigen Gesetze die Vorschriften des Bürgerlichen Gesetzbuchs.

Artikel 45.

§ 1. Besteht für eine Ehe der gesetzliche Güterstand nach dem Allgemeinen Landrechte Theil II Titel 1 Abschnitt 5, so treten an die Stelle der bisherigen Gesetze die Vorschriften des Bürgerlichen Gesetzbuchs über das gesetzliche Güterrecht.

Ist für eine Ehe die Verwaltung und der Nießbrauch des Mannes nach den Bestimmungen des Allgemeinen Landrechts Theil II Titel 1 §§ 980 bis 983, 999 ausgeschlossen, so treten an die Stelle der bisherigen Gesetze die für die Gütertrennung geltenden Vorschriften der §§ 1427 bis 1430 des Bürgerlichen Gesetzbuchs.

§ 2. Die Vorschriften über die Befugniß des überlebenden Ehegatten zur Uebernahme eines in die Landgüterrolle eingetragenen Landguts bleiben unberührt.

Das Gleiche gilt von den besonderen Vorschriften des Ostpreußischen Provinzialrechts über die erbrechtlichen Wirkungen des Güterstandes.

Artikel 46.

§ 1. Besteht für eine Ehe der gesetzliche Güterstand nach Märkischem Provinzialrechte, so treten an die Stelle der bisherigen Gesetze die Vorschriften des Bürgerlichen Gesetzbuchs über das gesetzliche Güterrecht.

Die Vorschrift des Artikel 45 § 1 Abs. 2 findet Anwendung.

§ 2. Die nach den bisherigen Gesetzen dem überlebenden Ehegatten an dem Vermögen des verstorbenen Ehegatten zustehenden Rechte sind erbrechtliche Wirkungen des Güterstandes. Die bisherigen Gesetze bleiben für sie mit den in den §§ 3 bis 5 bestimmten Aenderungen maßgebend.

§ 3. Bei der gesetzlichen Erbfolge kann der überlebende Ehegatte bis zum Ablaufe der im Bürgerlichen Gesetzbuche vorgeschriebenen Ausschlagungsfrist statt der Rechte, die ihm nach den bisherigen Gesetzen zustehen, die Erbfolge nach dem Bürgerlichen Gesetzbuche wählen.

Die Wahl erfolgt durch Erklärung gegenüber dem Nachlaßgerichte; die Erklärung ist in öffentlich beglaubigter Form abzugeben.

§ 4. Das Nachlaßgericht hat dem überlebenden Ehegatten auf Antrag eines Miterben eine Frist zur Erklärung darüber zu bestimmen, ob er die statutarische Portion oder die Rücknahme des eigenen Vermögens wähle.

Die Frist soll mindestens einen Monat, höchstens drei Monate betragen. Sie beginnt mit der Zustellung des Beschlusses, durch den sie bestimmt wird. Sie endigt nicht vor dem Ablaufe der Ausschlagungsfrist.

Die Wahl ist nach Maßgabe des § 3 Abs. 2 zu erklären. Erklärt sich der Ehegatte nicht vor dem Ablaufe der Frist, so geht das Wahlrecht auf die Miterben über. Der Ehegatte ist auf diese Folge in dem Beschlusse hinzuweisen.

Die Fristbestimmung ist unwirksam, wenn der Ehegatte die im § 3 bezeichnete Erklärung rechtzeitig abgiebt.

§ 5. Soweit der überlebende Ehegatte die ihm nach den bisherigen Gesetzen zustehenden Rechte auch gegenüber einer von dem verstorbenen Ehegatten getroffenen Verfügung von Todeswegen geltend machen kann, finden die Vorschriften des § 4 Abs. 1 bis 3 entsprechende Anwendung.

Artikel 47.

§ 1. Besteht für eine Ehe der gesetzliche Güterstand der allgemeinen Gütergemeinschaft nach dem Allgemeinen Landrechte, so treten an die Stelle der bisherigen Gesetze die Vorschriften des Bürgerlichen Gesetzbuchs über die allgemeine Gütergemeinschaft.

Tritt für die Ehe nach den Bestimmungen des Allgemeinen Landrechts Theil II Titel 18 §§ 782 ff. der bezeichnete Güterstand erst zu einer späteren Zeit ein, so gilt die Vorschrift des Abs. 1 von dieser Zeit an.

§ 2. Die Vorschriften des Allgemeinen Landrechts Theil II Titel 1 §§ 379, 386, 392 bis 395, 420 bleiben mit folgenden Maßgaben in Kraft:

1. Auf die im § 379 bezeichneten Verfügungen finden die Vorschriften Anwendung, welche für die in den §§ 1444, 1445 des Bürgerlichen Gesetzbuchs bezeichneten Rechtsgeschäfte gelten.
2. Wird die Gütergemeinschaft auf Grund des § 420 aufgehoben, so gilt für die Zukunft Gütertrennung.

§ 3. Die Vorschriften über die Befugniß des überlebenden Ehegatten zur Uebernahme eines in die Landgüterrolle eingetragenen Landguts oder eines Anerbenguts bleiben unberührt.

§ 4. Fortgesetzte Gütergemeinschaft tritt nur ein, wenn sie durch Ehevertrag vereinbart ist.

Artikel 48.

§ 1. Für eine Ehe, für welche der gesetzliche Güterstand der allgemeinen Gütergemeinschaft nach dem Gesetze, betreffend das eheliche Güterrecht in der Provinz Westfalen und in den Kreisen Rees, Essen und Duisburg, vom 16. April 1860 (Gesetz-Samml. S. 165) besteht, bleiben die Vorschriften des genannten Gesetzes mit den in den §§ 2 bis 7 bestimmten Aenderungen in Kraft.

§ 2. Soweit für die Ehe bisher die Vorschriften des Allgemeinen Landrechts über die allgemeine Gütergemeinschaft gelten, treten an deren Stelle nach Maßgabe des Artikel 47 §§ 1 bis 3 die Vorschriften des Bürgerlichen Gesetzbuchs.

Die Bestimmungen, welche für die im § 1446 des Bürgerlichen Gesetzbuchs bezeichneten Rechtsgeschäfte gelten, finden auf Verfügungen Anwendung, zu welchen der Mann der Zustimmung der Frau bedarf.

§ 3. An die Stelle des § 4 des Gesetzes vom 16. April 1860 treten folgende Vorschriften:

Das Verwaltungs- und Verfügungsrecht des Mannes ruht und wird durch die Frau ausgeübt:

1. wenn der Mann entmündigt ist; die Befugniß kann der Frau von dem Vormundschaftsgerichte schon vor dem Eintritte der Wirksamkeit der Entmündigung übertragen werden;
2. wenn die Voraussetzungen vorliegen, unter

welchen der Mann nach § 1910 des Bürgerlichen Gesetzbuchs zur Besorgung seiner Vermögensangelegenheiten einen Pfleger erhalten kann oder für den Mann ein Abwesenheitspfleger zu bestellen ist. Die Befugniß der Frau beginnt erst, wenn sie ihr von dem Vormundschaftsgericht auf ihren Antrag ertheilt wird.

§ 4. An die Stelle des § 7 Abs. 5 des Gesetzes vom 16. April 1860 tritt folgende Vorschrift:

Bei der Auseinandersetzung zwischen dem überlebenden Ehegatten und den Erben des Verstorbenen finden die die Schichtung betreffenden Bestimmungen des § 17 mit Ausnahme der den Kindern in den Fällen des § 14 Nr. 2 bis 8 beigelegten Befugniß gleichfalls Anwendung.

§ 5. An die Stelle des § 12 Abs. 1 des Gesetzes vom 16. April 1860 tritt folgende Vorschrift:

Auf die Haftung der überlebenden Ehefrau gegenüber denjenigen Gläubigern der bisherigen Gemeinschaft, welchen sie nicht aus besonderen Gründen persönlich haftet, finden die für die Haftung des Erben für die Nachlaßverbindlichkeiten geltenden Vorschriften des Bürgerlichen Gesetzbuchs entsprechende Anwendung; an die Stelle des Nachlasses tritt das bei dem Tode des Mannes vorhanden gewesene gemeinschaftliche Vermögen.

§ 6. An die Stelle der §§ 14, 15 des Gesetzes vom 16. April 1860 treten folgende Vorschriften:

§ 14.

Ein antheilsberechtigter Abkömmling kann gegen den überlebenden Ehegatten auf Schichtung klagen:

1. wenn der überlebende Ehegatte eine neue Ehe eingeht;
2. wenn der überlebende Ehegatte entmündigt ist;
3. wenn für den überlebenden Ehegatten ein Abwesenheitspfleger bestellt ist;
4. wenn der überlebende Ehegatte die elterliche Gewalt über den Abkömmling verwirkt hat oder, falls sie ihm zugestanden hätte, verwirkt haben würde;
5. wenn der überlebende Ehegatte ein Rechtsgeschäft, welches der Zustimmung der übrigen Antheilsberechtigten bedarf, ohne Zustimmung des Abkömmlinges vorgenommen hat und für die Zukunft eine erhebliche Gefährdung des Abkömmlinges zu besorgen ist;
6. wenn der überlebende Ehegatte das gemeinschaftliche Vermögen in der Absicht, den Abkömmling zu benachtheiligen, vermindert hat;
7. wenn der überlebende Ehegatte seine Verpflichtung, dem Abkömmling Unterhalt zu gewähren, verletzt hat und für die Zukunft eine erhebliche Gefährdung des Unterhalts zu besorgen ist;
8. wenn der überlebende Ehegatte das gemeinschaftliche Vermögen durch Verschwendung erheblich gefährdet;

9. wenn der verstorbene Ehegatte die Schichtung letztwillig angeordnet hat.

In den Fällen des Abs. 1 Nr. 1 bis 3, 5, 6, 8, 9 steht das Klagerecht auch dem hinterlassenen Ehegatten eines antheilsberechtigten Abkömmlinges zu, wenn er nach § 16 an die Stelle des Abkömmlinges tritt.

§ 15.

Bei der Schichtung wird der den Antheilsberechtigten gemäß § 7 gebührende Antheil an dem in die fortgesetzte Gütergemeinschaft gefallenen Vermögen festgesetzt:

1. im Falle des § 14 Nr. 1 nach dem Vermögensstande zur Zeit der Wiederverheirathung, sofern nicht die Schichtung vorher stattfindet;
2. im Falle des § 14 Nr. 2 nach dem Vermögensstande bei dem Eintritte der Wirksamkeit der Entmündigung;
3. im Falle des § 14 Nr. 9 nach dem Vermögensstande bei dem Tode des verstorbenen Ehegatten;
4. in den übrigen Fällen nach dem Vermögensstande zur Zeit der Schichtung.

Wird jedoch die Verpflichtung zur Schichtung durch Urtheil ausgesprochen, so erfolgt die Schichtung auf Verlangen der Antheilsberechtigten nach dem Vermögensstande zur Zeit der Erhebung der Klage auf Schichtung.

Jedes Kind muß bei der Schichtung sowohl dem überlebenden Ehegatten als auch den Geschwistern gegenüber das Vorempfangene nach den für die Ausgleichung unter Abkömmlingen geltenden Vorschriften zur Ausgleichung bringen.

§ 7. An die Stelle des § 17 Abs. 2 des Gesetzes vom 16. April 1860 tritt folgende Vorschrift:

In den Fällen des § 14 Abs. 1 Nr. 2 bis 8 geht die dem überlebenden Ehegatten beigelegte Befugniß auf die Kinder der aufgelösten Ehe über.

§ 8. Der § 10 Abs. 4 Satz 2 und der § 17 Abs. 4 des Gesetzes vom 16. April 1860 werden gestrichen.

Artikel 49.

§ 1. Besteht für eine Ehe der gesetzliche Güterstand des gemeinen Dotalrechts, so treten an die Stelle der bisherigen Gesetze die Vorschriften des Bürgerlichen Gesetzbuchs über das gesetzliche Güterrecht.

§ 2. Das Vermögen, welches als Heirathsgut bestellt oder von der Frau der Verwaltung des Mannes ohne Vorbehalt überlassen ist, wird eingebrachtes Gut, das sonstige Vermögen der Frau wird Vorbehaltsgut der Frau.

Die Ansprüche Dritter auf Herausgabe des Heirathsguts bleiben unberührt.

§ 3. Bestimmt sich der Güterstand einer Ehe bisher nach dem im Lande Wursten geltenden Rechte, so tritt mit der Geburt eines Kindes allgemeine

Gütergemeinschaft nach den Vorschriften des Bürgerlichen Gesetzbuchs ein.

Die Vorschriften des Artikel 51 § 2 Abs. 2 und des Artikel 52 § 2 finden Anwendung.

Artikel 50.

§ 1. Besteht für eine Ehe der gesetzliche Güterstand nach dem in der Provinz Schleswig-Holstein geltenden Sächsischen oder Lübischen, nach dem im vormals Schauenburgischen Antheile Holsteins geltenden Rechte, nach den in Otterndorf, in Stade mit Brunshausen oder in Buxtehude geltenden Vorschriften oder nach der Schaumburgischen Polizeiordnung von 1615, so treten an die Stelle der bisherigen Gesetze die Vorschriften des Bürgerlichen Gesetzbuchs über das gesetzliche Güterrecht.

§ 2. Die Vorschriften des Artikel 46 §§ 2, 3 finden entsprechende Anwendung. Das Gleiche gilt, wenn bisher das im vormals Schauenburgischen Antheile Holsteins geltende Recht maßgebend ist, von den Vorschriften des Artikel 46 §§ 4, 5.

§ 3. Die Vorschrift des Artikel 46 § 3 findet auch Anwendung, wenn eine Ehe mit dem gesetzlichen Güterstande der Neumünsterschen Kirchspielgebräuche vor dem Ablaufe der für den Eintritt der Gütergemeinschaft maßgebenden Frist durch den Tod eines der Ehegatten aufgelöst wird.

Artikel 51.

§ 1. Für eine Ehe mit dem gesetzlichen Güterstande des in der Provinz Pommern geltenden Lübischen Rechtes treten an die Stelle der bisherigen Gesetze, wenn nach diesen zur Zeit des Inkrafttretens des Bürgerlichen Gesetzbuchs keine Gütergemeinschaft besteht, die Vorschriften des Bürgerlichen Gesetzbuchs über das gesetzliche Güterrecht, anderenfalls die Vorschriften des Bürgerlichen Gesetzbuchs über die allgemeine Gütergemeinschaft.

§ 2. Gilt für die Ehe nach § 1 das gesetzliche Güterrecht des Bürgerlichen Gesetzbuchs, so tritt mit der Geburt eines Kindes, sofern nach den bisherigen Gesetzen Gütergemeinschaft eingetreten sein würde, allgemeine Gütergemeinschaft nach den Vorschriften des Bürgerlichen Gesetzbuchs ein.

Inwieweit das Vermögen der Frau Vorbehaltsgut wird und inwieweit die Verbindlichkeiten der Frau Gesammtgutsverbindlichkeiten werden, bestimmt sich nach den Vorschriften, welche gelten würden, wenn die allgemeine Gütergemeinschaft schon mit dem Inkrafttreten des Bürgerlichen Gesetzbuchs eingetreten wäre.

§ 3. Die Vorschriften der Statuten der Stadt Stolp über die Rechte, welche der Frau im Falle der Unzulänglichkeit des Vermögens der Ehegatten zustehen (§ 58 des Statutarrechts der Städte des Herzogthums Alt-Vor- und Hinterpommern), bleiben in Kraft.

§ 4. Wird eine Ehe, für die nach § 1 das gesetzliche Güterrecht des Bürgerlichen Gesetzbuchs gilt, durch den Tod eines der Ehegatten aufgelöst, so finden die Vorschriften des Artikel 46 §§ 2, 3 Anwendung. Sind für den Güterstand der Ehe bisher die für die Städte Anklam und Treptow an der Tollense geltenden Vorschriften maßgebend, so finden, wenn bei dem Tode eines Ehegatten ein gemeinschaftlicher Abkömmling vorhanden ist, auch die Vorschriften des Artikel 46 §§ 4, 5 entsprechende Anwendung.

Wird eine Ehe, für die bisher der gesetzliche Güterstand des in Neuvorpommern und Rügen geltenden Lübischen Rechtes bestanden hat und nach § 1 oder § 2 die allgemeine Gütergemeinschaft des Bürgerlichen Gesetzbuchs eingetreten ist, durch den Tod eines der Ehegatten aufgelöst, so sind für die Theilung des Gesammtguts die bisherigen Gesetze maßgebend. Das Gleiche gilt in Ansehung der Rechte, die einem antheilsberechtigten Abkömmlinge bei dem Eintritte der Volljährigkeit oder im Falle der Verheirathung zustehen.

Soweit nach dem bisherigen Rechte der Ehemann befugt ist, für den Fall, daß die Ehe durch seinen Tod aufgelöst wird, die Fortsetzung der Gütergemeinschaft durch letztwillige Verfügung auszuschließen, bleibt diese Befugniß unberührt.

§ 5. Besteht für eine Ehe der gesetzliche Güterstand der allgemeinen Gütergemeinschaft nach der

Bauerordnung vom 16. Mai 1616 oder der Bauerordnung vom 30. Dezember 1764 oder nach den Statuten der Städte Stettin, Pölitz, Pyritz, Alt-Damm oder Garz an der Oder, so treten an die Stelle der bisherigen Gesetze die Vorschriften des Bürgerlichen Gesetzbuchs über die allgemeine Gütergemeinschaft.

§ 6. Im Falle der Auflösung der Ehe durch den Tod eines der Ehegatten finden, wenn für die Ehe bisher die Bauerordnung vom 16. Mai 1616 galt, die Vorschriften des § 4 Abs. 2 Anwendung.

Galt für die Ehe bisher die Bauerordnung vom 30. Dezember 1764 und ist bei dem Tode eines Ehegatten ein gemeinschaftlicher Abkömmling nicht vorhanden, so wird die Gütergemeinschaft zwischen dem überlebenden Ehegatten und den anderen Erben des verstorbenen Ehegatten fortgesetzt. Die Vorschriften der §§ 1483 bis 1518 des Bürgerlichen Gesetzbuchs finden entsprechende Anwendung; an die Stelle der antheilsberechtigten Abkömmlinge treten die anderen Erben.

Galten für die Ehe bisher die Statuten der Städte Stettin oder Pölitz und ist bei dem Tode eines Ehegatten ein gemeinschaftlicher Abkömmling nicht vorhanden, so finden die Vorschriften des Artikel 46 §§ 2, 3 Anwendung.

§ 7. Soweit für die in den §§ 1, 5 bezeichneten Ehen bisher die Vorschriften des Allgemeinen Landrechts Theil II Titel 1 §§ 379, 386, 392 bis 395, 420 und Titel 18 §§ 782 ff. gelten, finden die Vorschriften des Artikel 47 § 1 Abs. 2 § 2 Anwendung.

Artikel 52.

§ 1. Besteht für eine Ehe der gesetzliche Güterstand der allgemeinen Gütergemeinschaft nach einem der Rechte, welche in den Provinzen Schleswig-Holstein, Hannover, Hessen-Nassau und in den Hohenzollernschen Landen gelten, so treten an die Stelle der bisherigen Gesetze die Vorschriften des Bürgerlichen Gesetzbuchs über die allgemeine Gütergemeinschaft. Diese Vorschrift findet in der Provinz Hannover keine Anwendung auf Ehen zu deren Vermögen ein in der Höferolle eingetragener Hof gehört.

Ist für eine Ehe mit dem gesetzlichen Güterstande der Neumünsterschen Kirchspielgebräuche die für den Eintritt der Gütergemeinschaft bisher maßgebende Frist zur Zeit des Inkrafttretens des Bürgerlichen Gesetzbuchs noch nicht abgelaufen, so gilt die Vorschrift des Abs. 1 von dem Ablaufe der Frist an.

Besteht für eine Ehe der gesetzliche Güterstand der allgemeinen Gütergemeinschaft nach einem der Rechte, welche in den Hohenzollernschen Landen gelten, so findet die Vorschrift des § 1445 des Bürgerlichen Gesetzbuchs nur insoweit Anwendung, als der Mann nach dem bisherigen Rechte der Einwilligung der Frau zu Verfügungen über Grundstücke bedarf. Tritt nach der Auflösung der Ehe fortgesetzte Gütergemeinschaft ein, so findet die Vorschrift des § 1445 keine Anwendung.

§ 2. Wird die Ehe durch den Tod eines der Ehegatten aufgelöst und ist ein gemeinschaftlicher Abkömmling nicht vorhanden, so finden die Vorschriften des Artikel 46 §§ 2, 3 Anwendung.

§ 3. Ist für den Güterstand bisher ein in der Provinz Schleswig-Holstein geltendes Recht maßgebend, so bestimmt sich die Befugniß des Mannes zur Verfügung über ein zu dem Gesammtgute der Gütergemeinschaft oder der fortgesetzten Gütergemeinschaft gehörendes Grundstück nach den bisherigen Gesetzen.

Jeder Ehegatte kann für den Fall, daß die Ehe durch seinen Tod aufgelöst wird, die Fortsetzung der Gütergemeinschaft durch letztwillige Verfügung ausschließen; die Vorschrift des § 1509 des Bürgerlichen Gesetzbuchs findet keine Anwendung.

Für den Fall der fortgesetzten Gütergemeinschaft bleiben die bisherigen Vorschriften über die Rechte, die einem antheilsberechtigten Abkömmlinge bei dem Eintritte der Volljährigkeit oder im Falle der Verheirathung zustehen, sowie über das Recht der väterlichen Aussage in Kraft. Das Gleiche gilt von den Vorschriften des Dänischen Rechtes und des Nordstrander Landrechts, nach welchen dem überlebenden

Ehegatten außer der ihm zufallenden Hälfte noch ein weiterer Bruchtheil des Gesammtguts gebührt.

§ 4. Sind in einer Ehe, deren Güterstand sich nach Fuldischem oder Würzburgischem Rechte bestimmt, vereinkindschaftete Kinder aus einer früheren Ehe vorhanden, so finden die Vorschriften der §§ 1437 bis 1467, 1473 des Bürgerlichen Gesetzbuchs Anwendung. Wird die Ehe durch den Tod des Ehegatten der früheren Ehe aufgelöst, so gelten nach der Abschichtung der vereinkindschafteten Kinder für das Verhältniß zwischen dem überlebenden Ehegatten und seinen Abkömmlingen die Vorschriften des Bürgerlichen Gesetzbuchs über die fortgesetzte Gütergemeinschaft.

Im Uebrigen bleiben die bisherigen Gesetze, insbesondere in Ansehung der Rechte der vereinkindschafteten Kinder, maßgebend.

§ 5. Bestimmt sich der Güterstand einer Ehe bisher nach dem Hechinger Rechte, so erfolgt nach der Beendigung der Gütergemeinschaft außer den Fällen des § 1478 des Bürgerlichen Gesetzbuchs die Theilung des Gesammtguts nach den bisherigen Gesetzen. Das Gleiche gilt nach der Beendigung der fortgesetzten Gütergemeinschaft; dem überlebenden Ehegatten gebührt nach Maßgabe der bisherigen Gesetze ein Bruchtheil des zugebrachten Vermögens des verstorbenen Ehegatten.

Die Vorschriften des Artikel 46 §§ 2, 3 finden auch in den Fällen des § 1483 Abs. 2, des § 1484

Abs. 3 und des § 1510 des Bürgerlichen Gesetzbuchs Anwendung.

Artikel 53.

§ 1. Besteht für eine Ehe der gesetzliche Güterstand der Errungenschaftsgemeinschaft nach einem der Rechte, welche in dem zum Oberlandesgerichtsbezirke Frankfurt a. M. gehörenden Theile der Rheinprovinz oder in den Provinzen Schleswig-Holstein und Hessen-Nassau gelten, so treten, unbeschadet der Vorschriften des Artikel 54, an die Stelle der bisherigen Gesetze die Vorschriften des Bürgerlichen Gesetzbuchs über die Errungenschaftsgemeinschaft.

§ 2. Das errungenschaftliche Vermögen der Ehegatten wird Gesammtgut, auch soweit es nach den bisherigen Gesetzen nicht gemeinschaftliches Vermögen der Ehegatten ist.

§ 3. Ist für den Güterstand bisher ein in der Provinz Schleswig-Holstein geltendes Recht maßgebend, so bestimmt sich die Befugniß des Mannes zur Verfügung über ein zum Gesammtgute gehörendes Grundstück, das er während der Ehe erworben hat, nach den bisherigen Gesetzen.

§ 4. Bestimmt sich der Güterstand bisher nach dem Würzburgischen Rechte, so tritt mit der Geburt eines Kindes allgemeine Gütergemeinschaft nach den Vorschriften des Bürgerlichen Gesetzbuchs ein. Die Vorschriften des Artikel 51 § 2 Abs. 2 und des Artikel 52 § 2 finden Anwendung.

Das Gleiche gilt für eine Ehe, deren Güterstand sich bisher nach dem Nordstrander Landrechte bestimmt. In diesem Falle findet auch die Vorschrift des Artikel 52 § 3 Anwendung.

§ 5. Die Vorschriften des Mainzer Landrechts, nach welchen bei der Auseinandersetzung der Mann zu zwei Dritteln, die Frau zu einem Drittel an dem Ueberschusse des Gesammtguts Theil nimmt, bleiben in Kraft.

Das Gleiche gilt, soweit im Geltungsbereiche der Nassau-Katzenelnbogenschen Landesordnung eine Theilung nach diesem Maßstabe gewohnheitsrechtlich hergebracht ist.

§ 6. Die Vorschriften des Artikel 46 §§ 2, 3 finden Anwendung.

Artikel 54.

§ 1. Besteht für eine Ehe der gesetzliche Güterstand der Errungenschaftsgemeinschaft nach Althessischem oder dem in den vormals Kurhessischen Gebietstheilen des Oberlandesgerichtsbezirkes Cassel geltenden Solmser oder Mainzer Rechte, so treten an die Stelle der bisherigen Gesetze die Vorschriften des Bürgerlichen Gesetzbuchs über das gesetzliche Güterrecht.

§ 2. Das Vermögen, welches die Ehefrau vor dem Inkrafttreten des Bürgerlichen Gesetzbuchs während der Ehe erworben hat, wird eingebrachtes Gut.

§ 3. Endigt die Verwaltung und Nutznießung des Mannes auf andere Weise als durch Vertrag, so kann jeder Ehegatte von dem anderen nach Maßgabe der bisherigen Gesetze Ausgleichung des Ehegewinns verlangen, wie wenn die im § 1 bestimmte Aenderung des Güterstandes nicht eingetreten wäre. Der Anspruch ist nicht übertragbar. Er verjährt in einem Jahre; die Vorschrift des § 204 Satz 1 des Bürgerlichen Gesetzbuchs findet keine Anwendung.

§ 4. Bestimmt sich der Güterstand bisher nach dem Solmser oder dem Mainzer Rechte, so finden die Vorschriften des Artikel 46 §§ 2, 3 Anwendung.

Artikel 55.

§ 1. Besteht für eine Ehe der gesetzliche Güterstand der Gemeinschaft des beweglichen Vermögens und der Errungenschaft nach einem der Rechte, welche in den zum Oberlandesgerichtsbezirke Frankfurt a. M. gehörenden Theilen der Rheinprovinz oder in der Provinz Schleswig-Holstein gelten, so treten an die Stelle der bisherigen Gesetze die Vorschriften des Bürgerlichen Gesetzbuchs über die Fahrnißgemeinschaft.

Tritt für eine Ehe, für welche die Vorschriften des Jütischen Low maßgebend sind, der bezeichnete Güterstand erst zu einer späteren Zeit ein, so gilt die Vorschrift des Abs. 1 von dieser Zeit an.

§ 2. Bei dem Güterstande der Kur-Cölnischen Rechtsordnung oder des Kur-Trierschen Landrechts bleiben statt des § 1551 Abs. 2, bei dem Güterstande des Jütischen Low bleiben statt der §§ 1551, 1554 des Bürgerlichen Gesetzbuchs die bisherigen Gesetze für den Umfang des eingebrachten Gutes maßgebend.

§ 3. Die Vorschriften des Artikel 46 §§ 2, 3 und des Artikel 53 § 3 finden Anwendung.

Artikel 56.

Für Ehen, deren Güterstand sich nach dem Rheinischen Bürgerlichen Gesetzbuche bestimmt, gelten folgende Vorschriften:

§ 1. Bei der gesetzlichen Gütergemeinschaft treten an die Stelle der bisherigen Gesetze die Vorschriften des Bürgerlichen Gesetzbuchs über die Fahrnißgemeinschaft.

§ 2. Bei der Errungenschaftsgemeinschaft treten an die Stelle der bisherigen Gesetze die Vorschriften des Bürgerlichen Gesetzbuchs über die Errungenschaftsgemeinschaft.

§ 3. Bei der allgemeinen Gütergemeinschaft treten an die Stelle der bisherigen Gesetze die Vorschriften des Bürgerlichen Gesetzbuchs über die allgemeine Gütergemeinschaft.

Fortgesetzte Gütergemeinschaft tritt nur ein, wenn sie durch Ehevertrag vereinbart ist.

§ 4. In den Fällen der §§ 1 bis 3 bestimmt sich die Befugniß des Mannes zur Verfügung über ein zum Gesammtgute gehörendes Grundstück nach den bisherigen Gesetzen.

Die Frau kann bis zu dem Ablauf eines Jahres nach dem Inkrafttreten des Bürgerlichen Gesetzbuchs auch auf Grund von Thatsachen, welche nur nach den bisherigen Gesetzen die Gütertrennungsklage rechtfertigen, auf Aufhebung der Gütergemeinschaft klagen, wenn die Thatsachen vor dem Inkrafttreten des Bürgerlichen Gesetzbuchs eingetreten sind.

§ 5. Ist bei einem der in den §§ 1 bis 3 bezeichneten Güterstände nach Artikel 1514 des Rheinischen Bürgerlichen Gesetzbuchs vereinbart, daß die Frau im Falle des Verzichts auf die Gütergemeinschaft ihr eingebrachtes Vermögen schuldenfrei zurücknehmen kann, so bleiben für die Ausübung des Verzichts die bisherigen Gesetze maßgebend.

§ 6. Ist für eine Ehe Ausschließung der Gütergemeinschaft nach Maßgabe der Artikel 1530 bis 1535 des Rheinischen Bürgerlichen Gesetzbuchs vereinbart, so treten an die Stelle der bisherigen Gesetze die Vorschriften des Bürgerlichen Gesetzbuchs über das gesetzliche Güterrecht. Die Vorschrift des § 4 findet entsprechende Anwendung.

§ 7. Ist in den Fällen der §§ 1 bis 3, 6 der Frau vor dem Inkrafttreten des Bürgerlichen Gesetzbuchs eine Erbschaft oder ein Vermächtniß angefallen, so sind für die Befugniß der Frau zur Annahme oder Ausschlagung die bisherigen Vorschriften maßgebend.

§ 8. Bei dem Güterstande der Gütertrennung treten an die Stelle der bisherigen Gesetze die für die Gütertrennung geltenden Vorschriften der §§ 1427 bis 1430 des Bürgerlichen Gesetzbuchs.

§ 9. Die gesetzliche Hypothek der Frau besteht von dem Eintritte der in den §§ 1 bis 3, 6, 8 bestimmten Aenderung des Güterstandes an nur noch zur Sicherung der vorher entstandenen Ansprüche; ist sie nicht vor dem Ablauf eines Jahres nach dem Eintritt der Aenderung durch Einschreibung im Hypothekenregister oder durch Eintragung im Grundbuche wirksam geworden, so erlischt sie.

§ 10. Ist für eine Ehe Dotalrecht vereinbart, so fällt die Beschränkung der Frau in der Geschäftsfähigkeit weg. Dies gilt jedoch nicht in Ansehung des Heirathsguts.

Im Uebrigen bleiben die bisherigen Gesetze maßgebend.

Artikel 57.

Besteht für eine Ehe der gesetzliche Güterstand nach dem Allgemeinen Landrechte Theil II Titel 1 Abschnitt 5, dem gemeinen Dotalrechte, dem gemeinen Sachsenrechte, der Schaumburgischen Polizeiordnung von 1615, dem Fuldischen, dem Würzburgischen Rechte, dem Landrechte der oberen Grafschaft Katzenelnbogen oder dem Französischen Civilgesetzbuche, so finden die für diese Güterstände maßgebenden Vorschriften der Artikel 45, 49, 50, 52, 53, 56 auch Anwendung, wenn die Ehegatten den ersten ehelichen Wohnsitz nicht in Preußen gehabt haben.

Dem Französischen Civilgesetzbuche wird das Badische Landrecht gleich geachtet.

Artikel 58.

Auf eine Ehe, für die einer der in den Artikeln 45 bis 57 bezeichneten Güterstände kraft Ehevertrags gilt, finden die Vorschriften dieser Artikel ohne Rücksicht auf den ersten ehelichen Wohnsitz der Ehegatten Anwendung.

Besteht für eine Ehe kraft Ehevertrags der Güterstand des gemeinen Totalrechts, so treten an die Stelle der bisherigen Gesetze die für die Gütertrennung geltenden Vorschriften der §§ 1427 bis 1430 des Bürgerlichen Gesetzbuchs.

Artikel 59.

Für die nach den Artikeln 45 bis 58 eintretende Aenderung des Güterstandes gelten folgende Vorschriften:

§ 1. Das zur Zeit der Aenderung des Güterstandes vorhandene Vermögen der Ehegatten wird, unbeschadet der Vorschriften des Artikel 49 § 2, des Artikel 53 § 2 und des Artikel 54 § 2, eingebrachtes Gut, Vorbehaltsgut oder Gesammtgut, soweit es nach den bisherigen Gesetzen zu einer dem eingebrachten Gute, dem Vorbehaltsgut oder dem Gesammtgut entsprechenden Vermögensmasse gehört.

Bei der allgemeinen Gütergemeinschaft findet auf Gegenstände, die nur der Nutzung nach zum gemeinschaftlichen Vermögen gehören, die Vorschrift des § 1439 Satz 2 des Bürgerlichen Gesetzbuchs Anwendung.

§ 2. Wird in Folge der Aenderung des Güterstandes das Grundbuch unrichtig, so werden für die Berichtigung des Grundbuchs Gerichtsgebühren und Stempel nicht erhoben.

§ 3. In Ansehung der vor der Aenderung des Güterstandes entstandenen Verbindlichkeiten der Ehegatten bestimmen sich die Haftung des eingebrachten Gutes, des Vorbehaltsguts und des Gesammtguts sowie die persönliche Haftung der Ehegatten nach den bisherigen Gesetzen. Dies gilt auch für das Verhältniß der Ehegatten unter einander.

Soweit sich bei der allgemeinen Gütergemeinschaft die Frau nach den bisherigen Gesetzen durch die Ausschlagung ihres Antheils von der persönlichen Haftung befreien kann, erlischt die Haftung mit der Beendigung der Gemeinschaft.

§ 4. Die Geltendmachung der Ersatzansprüche, welche den Ehegatten auf Grund des Güterstandes gegen einander zustehen, bestimmt sich nach den Vorschriften des Bürgerlichen Gesetzbuchs.

§ 5. Vereinbarungen, welche die Ehegatten in Abänderung oder Ergänzung einzelner Vorschriften des gesetzlichen Güterrechts getroffen haben, werden von der Aenderung des Güterstandes nicht berührt.

Das Gleiche gilt von einer seitens eines Dritten

getroffenen Anordnung der im Abs. 1 bezeichneten Art.

§ 6. Auf einen zur Zeit der Aenderung des Güterstandes anhängigen Rechtsstreit und auf die Wirkung der Entscheidung ist die Aenderung des Güterstandes ohne Einfluß.

Das Gleiche gilt von der Vermögensauseinandersetzung der Ehegatten, wenn die Ehe auf Grund einer vor der Aenderung des Güterstandes erhobenen Klage geschieden wird.

§ 7. Auf die dem überlebenden Ehegatten nach den bisherigen Gesetzen zustehenden Rechte, die durch dieses Gesetz aufrecht erhalten werden, finden die Vorschriften des § 1933 und der §§ 2335 bis 2337 des Bürgerlichen Gesetzbuchs entsprechende Anwendung.

§ 8. Soweit nach diesem Gesetze für den Güterstand die Vorschriften des Bürgerlichen Gesetzbuchs maßgebend sind, finden auch die für den Güterstand geltenden Vorschriften der Civilprozeßordnung und der Konkursordnung Anwendung.

§ 9. Die Wirksamkeit des nach diesem Gesetz eintretenden Güterstandes gegenüber Dritten bestimmt sich nach den für die Wirksamkeit des bisherigen Güterstandes geltenden Vorschriften. Die Bestimmungen des Allgemeinen Landrechts Theil II Titel 1 §§ 352, 353, 425 treten jedoch außer Kraft.

Eine spätere Aenderung des Güterstandes ist Dritten gegenüber nur nach Maßgabe des § 1435

Abs. 1 des Bürgerlichen Gesetzbuchs wirksam. Das Gleiche gilt von einem nach dem Inkrafttreten des Bürgerlichen Gesetzbuchs erhobenen Einspruche des Mannes gegen den selbständigen Betrieb eines Erwerbsgeschäfts durch die Frau und von einem nach der bezeichneten Zeit erklärten Widerrufe der Einwilligung des Mannes zu dem Betriebe.

Artikel 60.

Für einen Ehevertrag, durch den an die Stelle des nach diesem Gesetz eintretenden Güterstandes eine andere nach den Vorschriften des Bürgerlichen Gesetzbuchs zulässige Regelung des Güterstandes gesetzt oder der bezeichnete Güterstand in einzelnen Beziehungen geändert wird, für die Eintragung des Ehevertrags in das Güterrechtsregister und für den Antrag auf die Eintragung werden Gerichtsgebühren und Stempel nicht erhoben, wenn der Vertrag vor dem Ablauf eines Jahres nach der Aenderung des Güterstandes geschlossen wird.

Das Gleiche gilt für die Aufnahme von Vermögensverzeichnissen und Auseinandersetzungsurkunden, wenn sie wegen der Aenderung des bisherigen Güterstandes von den Ehegatten vor dem im Abs. 1 bezeichneten Zeitpunkte beantragt wird.

Artikel 61.

§ 1. Bestimmt sich der Güterstand einer Ehe nach dem Bürgerlichen Gesetzbuche für das Königreich Sachsen, so treten an die Stelle der bisherigen Vorschriften:

1. wenn die Ehegatten nach dem gesetzlichen Güterrechte leben, die Vorschriften des Bürgerlichen Gesetzbuchs über das gesetzliche Güterrecht;
2. wenn der Frau die freie Verfügung über ihr Vermögen durch Ehevertrag vorbehalten ist, die für die Gütertrennung geltenden Vorschriften der §§ 1427 bis 1430 des Bürgerlichen Gesetzbuchs;
3. wenn zwischen den Ehegatten allgemeine Gütergemeinschaft vereinbart ist, die Vorschriften des Bürgerlichen Gesetzbuchs über die allgemeine Gütergemeinschaft; fortgesetzte Gütergemeinschaft tritt nur ein, wenn sie durch Ehevertrag vereinbart wird.

§ 2. Für Ehen, deren Güterstand sich außer den Fällen des § 1 kraft Gesetzes oder Ehevertrags nach einem in einem anderen Bundesstaate geltenden Güterrechte bestimmt, kann, wenn nach den Gesetzen des anderen Bundesstaats an die Stelle des bisherigen Güterrechts ein im Bürgerlichen Gesetzbuche geregelter Güterstand tritt, dieser Güterstand, unbeschadet der Vorschriften der Artikel 57, 58, von dem Inkrafttreten des Bürgerlichen Gesetzbuchs oder einem späteren Zeitpunkt an durch Königliche Verordnung eingeführt werden.

§ 3. Auf die nach Maßgabe der §§ 1, 2 eintretende Aenderung des Güterstandes finden die Vorschriften der Artikel 59, 60 entsprechende Anwendung.

Artikel 62.

Ein Güterstand, für den die bisherigen Gesetze in Kraft bleiben, kann durch Ehevertrag nur nach Maßgabe der Vorschriften des Bürgerlichen Gesetzbuchs aufgehoben oder geändert werden.

Auf einen solchen Ehevertrag findet die Vorschrift des Artikel 60 Abs. 1 Anwendung, wenn er vor dem Ablauf eines Jahres nach dem Inkrafttreten des Bürgerlichen Gesetzbuchs geschlossen wird.

Artikel 63.

Wird der Wohnsitz des Mannes nach dem Inkrafttreten des Bürgerlichen Gesetzbuchs verlegt, so finden die Vorschriften des § 1435 des Bürgerlichen Gesetzbuchs entsprechende Anwendung; ein von dem gesetzlichen Güterrechte des Bürgerlichen Gesetzbuchs abweichender Güterstand steht einem vertragsmäßigen gleich.

Artikel 64.

Für die nach diesem Gesetz erforderlichen Eintragungen in das Güterrechtsregister gelten die Vorschriften der §§ 1558 bis 1563 des Bürgerlichen Gesetzbuchs.

Artikel 65.

Begründen Ehegatten nach dem Inkrafttreten des Bürgerlichen Gesetzbuchs in Preußen einen

Wohnsitz, so gelten die Vorschriften der Artikel 45 bis 60, 62 bis 64 von der Zeit der Begründung des Wohnsitzes an; diese Zeit tritt an die Stelle der Zeit des Inkrafttretens des Bürgerlichen Gesetzbuchs.

Ist jedoch der Güterstand der Ehe schon durch die Gesetze eines anderen Bundesstaats geändert worden, so finden nur die Vorschriften der Artikel 63, 64 Anwendung.

Artikel 66.

Bei einer fortgesetzten Gütergemeinschaft, für welche die bisherigen Gesetze maßgebend bleiben, finden auf die Ertheilung eines Zeugnisses über die Fortsetzung der Gütergemeinschaft die Vorschriften des § 1507 des Bürgerlichen Gesetzbuchs Anwendung.

Artikel 67.

§ 1. Ist eine Ehe, für welche allgemeine Gütergemeinschaft nach Fuldischem Rechte bestanden hat, vor dem Inkrafttreten des Bürgerlichen Gesetzbuchs durch den Tod eines der Ehegatten aufgelöst, so tritt im Falle der Wiederverheirathung des überlebenden Ehegatten Einkindschaft nicht ein. Der Ehegatte ist zur Abschichtung seiner Abkömmlinge aus früheren Ehen verpflichtet.

Den Abkömmlingen gebührt die Hälfte des Werthes des Gesammtguts zur Zeit der Wiederverheirathung; die Forderung wird zur Hälfte sofort, bei minderjährigen Abkömmlingen mit dem

Eintritte der Großjährigkeit, zur Hälfte mit dem Tode des überlebenden Ehegatten fällig. Die Abkömmlinge können für ihre Forderung die Bestellung einer Sicherungshypothek verlangen. Auf das Verhältniß der Abkömmlinge unter einander finden die Vorschriften des § 1503 des Bürgerlichen Gesetzbuchs entsprechende Anwendung.

Eine Vereinbarung, durch welche die Abschichtung abweichend von den Vorschriften des Abs. 2 geregelt wird, bedarf, wenn ein Abkömmling unter elterlicher Gewalt oder Vormundschaft steht, der Genehmigung des Vormundschaftsgerichts.

§ 2. Ist eine Ehe mit dem Güterstande der allgemeinen Gütergemeinschaft nach Verdener Rechte vor dem Inkrafttreten des Bürgerlichen Gesetzbuchs durch den Tod der Frau aufgelöst, so ist der Mann im Falle der Wiederverheirathung zur Abschichtung seiner Abkömmlinge aus früheren Ehen nach Maßgabe der Vorschriften des bisherigen Rechtes verpflichtet.

§ 3. In den Fällen der §§ 1, 2 finden die Vorschriften des § 1314 Abs. 2 und des § 1493 Abs. 2 des Bürgerlichen Gesetzbuchs entsprechende Anwendung.

Erklärungen über den Familiennamen.

Artikel 68.

§ 1. Für die Entgegennahme und die öffentliche Beglaubigung der im § 1577 Abs. 2, 3 des

Bürgerlichen Gesetzbuchs bezeichneten Erklärungen über den Namen einer geschiedenen Frau ist, wenn die geschiedene Ehe vor einem Preußischen Standesbeamten geschlossen war, dieser zuständig. Anderenfalls ist für die Entgegennahme das Amtsgericht zuständig, in dessen Bezirke der Erklärende seinen Wohnsitz oder seinen gewöhnlichen Aufenthalt hat; das Gericht soll die Erklärung dem Standesbeamten, vor welchem die Ehe geschlossen war, mittheilen.

Die Erklärung ist am Rande der über die Eheschließung bewirkten Eintragung zu vermerken.

§ 2. Für die Entgegennahme und die öffentliche Beglaubigung der Erklärung, durch welche der Ehemann der Mutter eines unehelichen Kindes diesem seinen Namen ertheilt, sowie der Einwilligungserklärungen des Kindes und der Mutter ist, wenn die Geburt des Kindes im Geburtsregister eines Preußischen Standesbeamten eingetragen ist oder wenn die Erklärung bei der Eheschließung vor einem Preußischen Standesbeamten erfolgt, der Standesbeamte zuständig. Anderenfalls ist für die Entgegennahme das Amtsgericht zuständig, in dessen Bezirke der Ehemann seinen Wohnsitz oder seinen gewöhnlichen Aufenthalt hat.

Erfolgt die Erklärung über die Ertheilung des Namens nicht gegenüber dem Standesbeamten, in dessen Geburtsregister der Geburtsfall eingetragen ist, so soll die zuständige Behörde sie dem Standesbeamten mittheilen.

Die Erklärung ist am Rande der über den Geburtsfall bewirkten Eintragung zu vermerken.

§ 3. Die Befugniß des Standesbeamten erstreckt sich nicht auf die Beglaubigung eines Handzeichens.

Elterliche Gewalt.

Artikel 69.

§ 1. Soweit in privatrechtlichen Vorschriften, die neben dem Bürgerlichen Gesetzbuch in Kraft bleiben, auf die väterliche Gewalt oder den väterlichen Nießbrauch Bezug genommen ist, tritt an die Stelle der väterlichen Gewalt die elterliche Gewalt, an die Stelle des väterlichen Nießbrauchs die elterliche Nutznießung.

Ist in privatrechtlichen Angelegenheiten eines Minderjährigen die Zustimmung des Vaters oder des Vormundes oder die Vertretung durch den Vater oder den Vormund vorgeschrieben, so steht die Zustimmung oder die Vertretung der Mutter zu, wenn sie kraft elterlicher Gewalt die Vertretung des Minderjährigen hat.

§ 2. Der Mutter steht die Nutznießung an dem Fideikommißvermögen des Kindes kraft der elterlichen Gewalt nur insoweit zu, als ihr nach dem bisherigen Rechte der Nießbrauch zustehen würde. Die im § 1693 des Bürgerlichen Gesetzbuchs vorgesehene Uebertragung der Vermögensverwaltung auf einen der Mutter bestellten Beistand kann auch ohne Antrag der Mutter erfolgen; sie hat zu erfolgen, wenn sie vom Vater nach Maßgabe des § 1777 des Bürgerlichen Gesetzbuchs angeordnet worden ist.

§ 3. Hat die Mutter eines Minderjährigen dessen Vermögen bis zum Inkrafttreten des bürgerlichen Gesetzbuchs als Vormünderin, von dieser Zeit an kraft elterlicher Gewalt zu verwalten, so findet die Legung einer Schlußrechnung nach § 67 der Vormundschaftsordnung vom 5. Juli 1875 nicht statt. Die Mutter hat erst nach dem Aufhören ihrer Vermögensverwaltung auch für die Zeit der vormundschaftlichen Verwaltung dem Kinde Rechenschaft abzulegen.

§ 4. Soweit in öffentlichrechtlichen Vorschriften der bestehenden Landesgesetze auf die väterliche Gewalt Bezug genommen ist, tritt an die Stelle der väterlichen Gewalt die elterliche Gewalt des Vaters.

Steht die elterliche Gewalt nach dem Bürgerlichen Gesetzbuche der Mutter zu oder wird sie von ihr ausgeübt, so liegt der Mutter auch die Vertretung des Minderjährigen in öffentlichrechtlichen Angelegenheiten insoweit ob, als sie nach dem bisherigen Rechte dem Vater, Vormund oder Pfleger oblag. Ist in einer Angelegenheit die Mitwirkung weiblicher Personen ausgeschlossen, so kann sich die Mutter nach den für die Vertretung solcher Personen geltenden Vorschriften vertreten lassen.

Anerkennung der Vaterschaft.

Artikel 70.

Für die Aufnahme der im § 1718 und im § 1720 Abs. 2 des Bürgerlichen Gesetzbuchs vorgesehenen öffentlichen Urkunden über die Anerkennung der Vaterschaft ist der Standesbeamte, welcher die Geburt des Kindes oder die Eheschließung seiner Eltern beurkundet hat, auch dann zuständig, wenn die Anerkennung der Vaterschaft nicht bei der Anzeige der Geburt oder bei der Eheschließung erfolgt

Beantragt bei einer vor dem Gericht oder einem Notar erfolgenden Anerkennung der Erklärende die Beischreibung eines Vermerkes im Geburtsregister, so hat das Gericht oder der Notar die Erklärung und den Antrag dem zuständigen Standesbeamten mitzutheilen.

Artikel 71.

§ 1. Sind für die persönlichen Verhältnisse eines unehelichen Kindes die Vorschriften des Rheinischen Rechtes maßgebend, so erlangt das Kind die rechtliche Stellung eines ehelichen Kindes, wenn der Vater die Mutter geheirathet und das Kind vor dem Inkrafttreten des Bürgerlichen Gesetzbuchs in einer öffentlichen Urkunde anerkannt hat. Dies gilt für ein Kind, das zur Zeit der Anerkennung volljährig ist, nur dann, wenn das Kind vor dem Inkrafttreten des Bürgerlichen Gesetzbuchs in einer öffentlichen Urkunde seine Zustimmung zu der Anerkennung erklärt.

§ 2. Eine nach § 1 erfolgte Anerkennung gilt als von der Zeit der Eheschließung an wirksam. Erworbene Rechte Dritter bleiben unberührt.

Beamte und Geistliche als Vormünder.

Artikel 72.

Wer ein Staatsamt oder ein besoldetes Amt in der Kommunal- oder Kirchenverwaltung bekleidet, bedarf zur Uebernahme einer Vormundschaft oder zur Fortführung einer vor dem Eintritt in das Amt übernommenen Vormundschaft der Erlaubniß der zunächst vorgesetzten Behörde. Das Gleiche gilt für die Uebernahme oder die Fortführung des Amtes eines Gegenvormundes, Pflegers oder Beistandes.

Die Erlaubniß kann zurückgenommen werden.

Notare bedürfen der Erlaubniß nicht.

Anlegung von Mündelgeld.

Artikel 73.

§ 1. Eine Hypothek, eine Grundschuld oder eine Rentenschuld an einem in Preußen belegenen Grundstück ist für die Anlegung von Mündelgeld als sicher anzusehen, wenn sie innerhalb des Fünfzehnfachen oder, sofern ihr kein anderes der Eintragung bedürfendes Recht im Range vorgeht oder gleichsteht, innerhalb des Zwanzigfachen des staatlich ermittelten Grundsteuerreinertrags oder bei einem ländlichen Grundstück innerhalb der ersten zwei Drittel, bei einem städtischen Grundstück innerhalb der ersten Hälfte des Werthes zu stehen kommt.

Der Werth ist bei ländlichen Grundstücken durch Taxe einer Preußischen öffentlichen Kreditanstalt, die durch Vereinigung von Grundbesitzern gebildet ist und durch staatliche Verleihung Rechtsfähigkeit erlangt hat, oder durch Taxe einer Preußischen provinzial-(kommunal-)ständischen öffentlichen Grundkreditanstalt oder durch gerichtliche Taxe, bei städtischen Grundstücken in gleicher Weise oder durch Taxe einer öffentlichen Feuerversicherungsanstalt festzustellen.

§ 2. Statt des Zwanzigfachen des Grundsteuerreinertrags ist bei Grundstücken, die von einer Kreditanstalt der im § 1 Abs. 2 bezeichneten Art satzungsgemäß ohne besondere Ermittelungen bis zu einem größeren Vielfachen beliehen werden können, das größere Vielfache, sofern es jedoch den dreißigfachen Betrag übersteigt, dieser Betrag maßgebend.

Für einzelne Bezirke kann durch Königliche Verordnung statt des Zwanzigfachen des Grundsteuerreinertrags ein das Vierzigfache nicht übersteigendes größeres Vielfaches bestimmt werden.

Artikel 74.

Zur Anlegung von Mündelgeld sind außer den im § 1807 des Bürgerlichen Gesetzbuchs bezeichneten Forderungen und Werthpapieren geeignet:

1. die Rentenbriefe der zur Vermittelung der Ablösung von Renten in Preußen bestehenden Rentenbanken;
2. die Schuldverschreibungen, welche von einer Deutschen kommunalen Körperschaft oder von der Kreditanstalt einer solchen Körperschaft oder mit Genehmigung der staatlichen Aufsichtsbehörde von einer Kirchengemeinde oder einem kirchlichen Verband ausgestellt und entweder von Seiten der Inhaber kündbar sind oder einer regelmäßigen Tilgung unterliegen;
3. die mit staatlicher Genehmigung ausgegebenen Pfandbriefe und gleichartigen Schuldverschreibungen einer Kreditanstalt der im Artikel 73 § 1 Abs. 2 bezeichneten Art;
4. die auf den Inhaber lautenden Schuldverschreibungen, welche von einer Preußischen Hypotheken-Aktien-Bank auf Grund von Darlehen an Preußische Körperschaften des öffentlichen Rechtes, oder von Darlehen, für welche eine solche Körperschaft die Gewährleistung übernommen hat, ausgegeben sind.

Artikel 75.

§ 1. Eine in Preußen bestehende öffentliche

Sparkasse kann durch den Regierungspräsidenten im Einvernehmen mit dem Landgerichtspräsidenten zur Anlegung von Mündelgeld für geeignet erklärt werden. Die Erklärung kann zurückgenommen werden.

Die Erklärung und die Rücknahme sind durch das Amtsblatt bekannt zu machen.

§ 2. Ist vor dem Inkrafttreten des Bürgerlichen Gesetzbuchs ein Sparkassenbuch außer Kurs gesetzt, so ist zur Erhebung des Geldes die Genehmigung des Gegenvormundes oder des Vormundschaftsgerichts erforderlich.

Artikel 76.

Im Falle des § 1808 des Bürgerlichen Gesetzbuchs kann die Anlegung von Mündelgeld bei der Preußischen Centralgenossenschaftskasse oder einer sonstigen Preußischen öffentlichen Bankanstalt, (Landesbank, landschaftlichen, ritterschaftlichen Darlehnskasse u. s. w.) und, wenn die von einer Preußischen Privatbank ausgestellten Werthpapiere durch den Bundesrath zur Anlegung von Mündelgeld für geeignet erklärt sind oder eine Preußische Privatbank nach Maßgabe des Artikel 85 für die Hinterlegung von Werthpapieren als Hinterlegungsstelle bestimmt ist, bei einer solchen Privatbank erfolgen.

Die Anlegung bei den ordentlichen Hinterlegungsstellen (Hinterlegungsordnung vom 14. März 1879, Gesetz-Samml. S. 249) findet nicht statt.

Gemeindewaisenrath.

Artikel 77.

§ 1. Für jede Gemeinde oder für örtlich abzugrenzende Gemeindetheile sind ein oder mehrere Gemeindeglieder als Gemeindewaisenrath zu bestellen. Für benachbarte Gemeindebezirke können dieselben Personen bestellt werden.

Das Amt eines Waisenraths ist ein unentgeltliches Gemeindeamt.

Durch Beschluß der Gemeindebehörde können die dem Gemeindewaisenrath obliegenden Verrichtungen besonderen Abtheilungen oder schon bestehenden Organen der Gemeindeverwaltung übertragen werden.

Auf selbständige Gutsbezirke finden diese Vorschriften mit der Maßgabe entsprechende Anwendung, daß der Waisenrath von dem Gutsvorsteher ernannt wird.

Die bisherigen Waisenräthe bleiben im Amte.

§ 2. Zur Unterstützung des Gemeindewaisenraths können Frauen, die hierzu bereit sind, als Waisenpflegerinnen widerruflich bestellt werden. Die Zuständigkeit für die Bestellung bestimmt sich nach den für die Bestellung der Waisenräthe maßgebenden Vorschriften.

Die Waisenpflegerinnen haben unter der Leitung des Gemeindewaisenraths bei der Beaufsichtigung der im Kindesalter stehenden Mündel und bei der Ueberwachung weiblicher Mündel mitzuwirken.

Bevormundung durch einen Anstaltsvorstand oder durch Beamte der Armenverwaltung.

Artikel 78.

§ 1. Der Vorstand einer unter der Verwaltung des Staates oder einer Gemeindebehörde stehenden Erziehungs- oder Verpflegungsanstalt hat für die in der Anstalt untergebrachten Minderjährigen die Rechte und Pflichten eines Vormundes.

Die Rechte und Pflichten des Anstaltsvorstandes bestehen nur, solange das Vormundschaftsgericht nicht einen anderen Vormund bestellt hat. Der Vorstand behält die Rechte und Pflichten des Vormundes auch nach der Beendigung der Erziehung oder Verpflegung bis zur Volljährigkeit des Mündels.

§ 2. Die Aufnahme des Minderjährigen in die Anstalt ist von dem Vorstande dem Vormundschaftsgericht und dem Gemeindewaisenrathe des Bezirkes, in dem die Anstalt liegt, anzuzeigen.

Mit der Aufnahme in die Anstalt endigt das Amt des bisherigen Vormundes.

§ 3. Neben dem Vorstand ist ein Gegenvormund nicht zu bestellen.

Dem Vorstande stehen die nach § 1852 Abs. 2 des Bürgerlichen Gesetzbuchs zulässigen Befreiungen zu.

§ 4. Auf Grund ortsstatutarischer Bestimmung können Beamten der Gemeindearmenverwaltung alle oder einzelne Rechte und Pflichten eines Vormundes für diejenigen Minderjährigen übertragen werden, welche im Wege der öffentlichen Armenpflege unterstützt und unter Aufsicht der Beamten entweder in einer von diesen ausgewählten Familie oder Anstalt oder, sofern es sich um uneheliche Minderjährige handelt, in der mütterlichen Familie erzogen oder verpflegt werden.

Wird von dieser Befugniß Gebrauch gemacht, so finden die Vorschriften des § 1 Abs. 2, des § 2 Abs. 1 und, wenn dem Beamten alle Rechte und Pflichten eines Vormundes übertragen werden, auch die Vorschriften des § 2 Abs. 2 und des § 3 entsprechende Anwendung.

Fürsorge des Nachlaßgerichts.

Artikel 79.

Die Vorschriften, nach welchen das Nachlaßgericht auch unter andern als den im § 1960 Abs. 1 des Bürgerlichen Gesetzbuchs bezeichneten Voraussetzungen die Anfertigung eines Nachlaßverzeichnisses sowie bis zu dessen Vollendung die erforderlichen Sicherungsmaßregeln, insbesondere die Anlegung von Siegeln, von Amtswegen anordnen kann oder soll, treten außer Kraft.

Nothtestament.

Artikel 80.

Für die Errichtung eines Testaments in der durch den § 2249 Abs. 1 des Bürgerlichen Gesetzbuchs bestimmten Form stehen die selbständigen Gutsbezirke den Gemeinden gleich.

An Stelle des Vorstehers oder neben dem Vorsteher einer Gemeinde kann von dem Justizminister eine andere Person bestellt werden, vor welcher die Errichtung des Testaments zu erfolgen hat. In diesem Falle werden die Gebühren für die Errichtung des Testaments durch den Justizminister bestimmt.

Ist ein Dolmetscher zuzuziehen, so kann die Beeidigung des Dolmetschers durch die Person, vor welcher die Errichtung des Testaments stattfindet, erfolgen.

Amtliche Verwahrung von Testamenten und Erbverträgen.

Artikel 81.

§ 1. Die besondere amtliche Verwahrung der Testamente und der Erbverträge erfolgt bei den Amtsgerichten.

§ 2. Zuständig ist bei Testamenten:

1. wenn das Testament vor einem Amtsgericht errichtet ist, dieses Gericht;
2. wenn das Testament vor einem Notar errichtet ist, das Gericht, in dessen Bezirke der Notar seinen Amtssitz hat;
3. wenn das Testament vor dem Vorsteher einer Gemeinde oder eines Gutsbezirkes errichtet

ist, das Gericht, zu dessen Bezirke die Gemeinde oder der Gutsbezirk gehört;

4. wenn das Testament nach § 2231 Nr. 2 des Bürgerlichen Gesetzbuchs errichtet ist, jedes Gericht.

Der Erblasser kann jederzeit die Verwahrung bei einem anderen Gerichte verlangen.

Das Gericht, welches das Testament in Verwahrung nimmt, hat, wenn der Erblasser seinen Wohnsitz in dem Bezirk eines anderen Gerichts hat, diesem von der Verwahrung Nachricht zu geben.

Die Vorschriften des Abs. 1 Nr. 1, 2 und der Abs. 2, 3 finden auch auf die Verwahrung eines Erbvertrags Anwendung.

§ 3. Die Annahme zur Verwahrung sowie die Herausgabe ist von dem Amtsgericht anzuordnen und von dem Amtsrichter und dem Gerichtsschreiber gemeinschaftlich zu bewirken.

Bei der Buchführung sind die Vermerke über die Annahme und die Herausgabe von dem Amtsrichter und dem Gerichtsschreiber zu unterschreiben.

Die Verwahrung erfolgt unter gemeinschaftlichem Verschlusse des Amtsrichters und des Gerichtsschreibers. Der Hinterlegungsschein ist von ihnen zu unterschreiben und mit dem Gerichtssiegel zu versehen.

Eröffnung von Testamenten und Erbverträgen.

Artikel 82.

Befindet sich ein Testament oder ein Erbvertrag seit mehr als vierundfünfzig Jahren in amtlicher Verwahrung, so ist mit der Eröffnung vorzugehen, sofern nicht bekannt ist, daß der Erblasser noch lebt. Die Vorschriften der §§ 2260 bis 2262 des Bürgerlichen Gesetzbuchs finden entsprechende Anwendung.

Feststellung des Ertragswerths eines Landguts.

Artikel 83.

Soweit in Fällen der Erbfolge oder der Aufhebung einer fortgesetzten Gütergemeinschaft der Ertragswerth eines Landguts zu ermitteln ist, gilt als solcher der fünfundzwanzigfache Betrag des jährlichen Reinertrags. Durch Königliche Verordnung kann eine andere Verhältnißzahl bestimmt werden.

Die Grundsätze, nach welchen der Reinertrag festzustellen ist, können durch allgemeine Anordnung des Justizministers und des Ministers für Landwirthschaft, Domänen und Forsten bestimmt werden.

Hinterlegung.

Artikel 84.

Die Hinterlegungsordnung vom 14. März 1879 (Gesetz-Samml. S. 249) wird dahin geändert:

I. Der § 4 erhält folgende Fassung:

Die nach den §§ 1, 2 bestimmten Hinterlegungsstellen sind dem Finanzminister untergeordnet.

II. An die Stelle der §§ 18, 19 treten folgende Vorschriften:

§ 18.

Bei der Hinterlegung, welche der Schuldner eines Geldbetrags zum Zwecke der Befreiung von seiner Verbindlichkeit bewirkt, ist in der nach § 14 erforderlichen Erklärung der Gläubiger, für welchen die Hinterlegung erfolgt, zu bezeichnen oder anzugeben, in Folge welcher Umstände der Schuldner seine Verbindlichkeit nicht oder nicht mit Sicherheit erfüllen kann.

Macht der Schuldner das Recht des Gläubigers zum Empfange des hinterlegten Geldes von der Bewirkung einer Gegenleistung abhängig, so ist dies unter Bezeichnung der Gegenleistung in der Erklärung anzugeben.

Die Hinterlegungsstelle hat den Schuldner unter Bezugnahme auf die Vorschrift des § 382 des Bürgerlichen Gesetzbuchs zu dem Nachweis aufzufordern, daß und wann der Gläubiger die im § 374 Abs. 2 des Bürgerlichen Gesetzbuchs vorgeschriebene Anzeige von der Hinterlegung empfangen hat. Wird der Nachweis nicht vor dem Ablaufe von drei Monaten nach der Aufforderung geführt, so ist die Hinterlegungsstelle ermächtigt, im Namen und auf Kosten des Schuldners dem Gläubiger die Anzeige zu machen; die Aufforderung muß einen Hinweis auf diese Rechtsfolge enthalten.

§ 19.

In den Fällen des § 1171 und des § 1269 des Bürgerlichen Gesetzbuchs ist der nach § 14 erforderlichen Erklärung der Nachweis beizufügen, daß das Aufgebotsverfahren eingeleitet ist.

III. Der § 30 erhält folgenden Abs. 2:

Geht in den Fällen des Abs. 1 Nr. 1, 2 die Anordnung oder die Anweisung von einem Gericht oder einer Auseinandersetzungsbehörde aus, so ist die Zuständigkeit von der Hinterlegungsstelle nicht zu prüfen.

IV. Der § 31 Abs. 1 erhält als Satz 2 folgenden Zusatz:

Die Vorschrift des § 30 Abs. 2 findet entsprechende Anwendung.

V. Im § 33 Abs. 2 wird die Nr. 2a dahin geändert:

a) wenn die hinterlegte Masse nicht mehr als dreihundert Mark beträgt oder der Gegenvormund die Empfangnahme genehmigt.

VI. Der § 37 wird gestrichen.

VII. Der § 39 erhält folgende Fassung:

Auf das Verfahren finden die Vorschriften der §§ 12 bis 18, 20 bis 33, 35 entsprechende Anwendung, soweit nicht Abweichungen aus den Bestimmungen dieses Titels sich ergeben.

VIII. Der § 46 Satz 1 wird dahin geändert:

Die Vorschriften des § 33 Abs. 1, 2 finden auf die Herausgabe von Kostbarkeiten an einen Vormund (Pfleger) keine Anwendung.

IX. An die Stelle der §§ 47, 48 treten folgende Vorschriften:

§ 47.

Für die Hinterlegung von Werthpapieren oder Kostbarkeiten des Mündels durch den Vormund (Pfleger) gelten die besonderen Vorschriften der §§ 47a bis 51.

§ 47a.

Zur Hinterlegung von Inhaberpapieren, mit Ausnahme von Zins-, Renten- und Gewinnantheilscheinen, sowie von Orderpapieren, die mit Blankoindossament versehen sind, bedarf es keiner Mitwirkung des Vormundschaftsgerichts, sofern sich nicht aus der vorgelegten Bestallung ergiebt, daß der Vormund zur Hinterlegung nicht verpflichtet ist. Es genügt die Beobachtung der §§ 14, 15 und 40.

Mit einem Inhaberpapiere kann der Erneuerungsschein hinterlegt werden.

§ 48.

Die Hinterlegung von Werthpapieren, die nicht nach § 47a hinterlegt werden können, sowie von Kostbarkeiten geschieht auf Grund einer dem Vormunde (Pfleger) von dem Vormundschaftsgerichte zu ertheilenden Anweisung.

X. An die Stelle des § 52 tritt folgende Vorschrift:

Auf die Hinterlegung von Werthpapieren oder Kostbarkeiten eines unter elterlicher Gewalt stehenden Kindes durch den Vater oder die Mutter finden die Vorschriften der §§ 48 bis 51 entsprechende Anwendung.

XI. Hinter § 58 werden folgende Vorschriften eingestellt:

§ 58a.

In den Fällen des § 382, des § 1171 Abs. 3 und des § 1269 Satz 3 des Bürgerlichen Gesetzbuchs kann der Erlaß des Aufgebots nicht vor dem Ablaufe von einunddreißig Jahren beantragt werden.

Die einunddreißigjährige Frist beginnt:

1. im Falle des § 382 mit dem Ende des Monats, in welchem der Gläubiger die Anzeige des Schuldners von der Hinterlegung empfangen hat;
2. in den Fällen des § 1171 Abs. 3 und des § 1269 Satz 3 mit der Erlassung des Urtheils, durch welches der Gläubiger mit seinem Rechte ausgeschlossen ist; das Gericht hat das Ausschlußurtheil der Hinterlegungsstelle mitzutheilen.

§ 58b.

Ist die Hinterlegung auf Grund des § 117 Abs. 2 oder der §§ 120, 121, 124, 126 des Gesetzes über die Zwangsversteigerung und die Zwangsverwaltung vom 24. März 1897 (Reichs-Gesetzbl. S. 97) erfolgt, so ist der Aufgebotsantrag nicht vor dem Ablaufe von einunddreißig Jahren zuläßig.

Die einunddreißigjährige Frist beginnt:
1. in den Fällen der §§ 120, 121 mit dem Eintritte der Bedingung, unter welcher die Hinterlegung erfolgt ist; die Hinterlegungsstelle hat den Eintritt der Bedingung soweit thunlich zu ermitteln; ist der Eintritt der Bedingung nicht ermittelt, so beginnt die Frist mit der Einstellung oder der letzten Einstellung der Verzinsung;

2. in den übrigen Fällen mit dem Ende des Monats, in welchem die Hinterlegung erfolgt ist.

XII. Der § 61 erhält folgenden Zusatz:

4. im Falle des § 58a Abs. 2 Nr. 1 ein Zeugniß der Behörde über den Tag, an welchem der Gläubiger die Anzeige von der Hinterlegung empfangen hat,

in den Fällen des § 58a Abs. 2 Nr. 2 das der Hinterlegungsstelle mitgetheilte Ausschlußurtheil,

in den Fällen des § 58b Abs. 2 Nr. 1 ein Zeugniß der Behörde über den Tag, an welchem die Bedingung eingetreten ist, oder darüber, daß der Eintritt der Bedingung nicht hat ermittelt werden können.

XIII. Der § 64 wird dahin geändert:

Der Erlaß des Aufgebots kann, unbeschadet der Vorschriften der §§ 58a, 58b, nach dem Ablaufe von dreißig Jahren seit dem Ende des Monats beantragt werden, in welchem die Hinterlegung erfolgt ist.

XIV. Der § 67 erhält folgende Fassung:

Die Vorschriften der §§ 64 bis 66 finden keine Anwendung, wenn die Hinterlegung erfolgt ist:

1. nach Inhalt der bei derselben vorgelegten Erklärung oder Anweisung auf Grund des § 1667 Abs. 2 Satz 4, des

§ 1814 oder des § 1818 des Bürgerlichen Gesetzbuchs;

2. auf Ersuchen der Aufsichtsbehörde in einer Familienfideikommiß-, Lehns- oder Stiftungssache.

Der Erlaß des Aufgebots kann in diesen Fällen beantragt werden nach dem Ablaufe von zwanzig Jahren seit dem Ende des Monats, in welchem die elterliche Gewalt, die Vormundschaft oder die Pflegschaft oder die Eigenschaft des Gegenstandes als Vermögensstück des Familienfideikommisses, des Lehens oder der Stiftung aufgehört hat.

XV. Der § 72 erhält folgende Fassung:

Die vorläufige Verwahrung bei den Amtsgerichten gilt in dem Verhältnisse zwischen den Betheiligten als Hinterlegung.

XVI. Im § 74 wird die Nr. 2 dahin geändert:

2. wenn eine Hinterlegung in Gemäßheit des § 1667 Abs. 2 Satz 4, des § 1814 oder des § 1818 des Bürgerlichen Gesetzbuchs erfolgt und der Vater, die Mutter oder der Vormund die vorläufige Verwahrung verlangt;

XVII. Im § 77 tritt an die Stelle des letzten Satzes folgender Abs. 2:

Wird die Verwahrung von dem Schuldner zum Zwecke der Befreiung von seiner Verbindlichkeit nachgesucht, so finden die Vorschriften des § 18 Abs. 1, 2 entsprechende Anwendung.

XVIII. Im § 82 Abs. 2 werden die Worte „binnen sechs Wochen" ersetzt durch die Worte: „binnen sechs Monaten".

XIX. Der § 86 wird aufgehoben.

XX. Der dritte Abschnitt erhält folgende Fassung:

Dritter Abschnitt.

Hinterlegung anderer als der im ersten Abschnitte bezeichneten Sachen.

§ 87.

Für die Hinterlegung anderer als der im § 1 bezeichneten Werthpapiere sowie sonstiger Urkunden sind die Amtsgerichte als Hinterlegungsstellen zuständig.

§ 87 a.

Die Vorschriften der §§ 12, 14 bis 18, 20 bis 33, 35, 40, 43 bis 52, 63 bis 69 finden mit folgenden Maßgaben entsprechende Anwendung:

1. Das Gesuch um Annahme oder um Herausgabe der Urkunden kann zum Protokoll des Gerichtsschreibers angebracht werden.
2. Bei Urkunden, die nicht Werthpapiere sind, findet ein Aufgebotsverfahren zum

Zwecke der Ausschließung der Betheiligten nicht statt. Das Recht auf Rückgabe erlischt mit dem Zeitpunkt, in welchem bei Werthpapieren der Aufgebotsantrag zulässig werden würde; die Urkunden sind zu vernichten.

§ 88.

Das Amtsgericht kann die Gerichtsschreiberei mit der Verwahrung der Urkunden beauftragen.

§ 89.

Andere Sachen als Geld, Werthpapiere, sonstige Urkunden und Kostbarkeiten sind zur Hinterlegung nicht geeignet.

XXI. Die §§ 90, 91 werden aufgehoben.

Artikel 85.

Für die Hinterlegung von Werthpapieren in den Fällen der §§ 1082, 1392, 1667, 1814, 1818, 2116 des Bürgerlichen Gesetzbuchs können durch Anordnung der zuständigen Minister auch die Seehandlung, die preußische Central-Genossenschafts-Kasse oder eine sonstige Preußische öffentliche Bankanstalt (Landesbank, landschaftliche, ritterschaftliche Darlehnskasse u. s. w.) sowie die von Kreditanstalten der im Artikel 17 § 2 Abs. 2 bezeichneten Art eingerichteten Verwahrungs- oder Verwaltungsstellen und im Falle des Bedürfnisses geeignete Preußische Privatbanken als Hinterlegungsstellen bestimmt werden.

Gerichtskosten.

Artikel 86.

§ 1. Das Preußische Gerichtskostengesetz vom 25. Juni 1895 (Gesetz-Samml. S. 203) wird dahin geändert:

I. Die §§ 9 Abs. 1 Satz 2, 28, 31 Abs. 3, 40, 46 Abs. 8, 74 Nr. 3 Abs. 2 und Nr. 5, 86, 87, 126, 131 Abs. 2 werden gestrichen. Ferner fallen fort die Worte „von Sachverständigen oder" im § 7 Abs. 1 Satz 2, „oder Handlungsvollmacht" im § 74 Nr. 4 und „insbesondere einem überlebenden Ehegatten" im § 84 Abs. 2.

II. In der Ueberschrift des ersten Theiles, im § 15 und im § 124 Abs. 1 werden die Worte „nicht streitigen Gerichtsbarkeit" ersetzt durch die Worte „freiwilligen Gerichtsbarkeit".

In der Ueberschrift des zweiten Abschnitts des ersten Theiles und im § 33 werden die Worte „gerichtliche Beurkundungen und Bestätigungen" ersetzt durch die Worte „gerichtliche Urkunden".

Im § 17 Abs. 4 sowie in den §§ 34, 35, 37, 41, 43, 44, 54, 57, 77 Nr. 1 werden die Worte „Aufnahme", „aufgenommen" ersetzt durch die Worte „Beurkundung", „beurkundet". In den §§ 35, 39, 42 ist statt des Wortes „gegenseitig" das Wort „zweiseitig" zu setzen.

Die Worte „Ablaufe des letzten Dezemders" in den §§ 44 Abs. 6, 114 Abs. 2 werden ersetzt durch das Wort „Schlusse".

In den §§ 81 Abs. 1, 82, 92 ist statt „Sicherstellung" zu setzen „Sicherung".

An die Stelle des Wortes „Mündel" in den §§ 91, 92 treten die Worte „Mündel, Pflegebefohlener oder unter elterlicher Gewalt stehendes Kind".

III. Im § 1 wird als Satz 2 folgende Vorschrift hinzugefügt:

Soweit ein Betheiligter zur Tragung der Kosten des Verfahrens verurtheilt ist, trifft auch ihn die Zahlungspflicht.

IV. Der § 3 wird durch folgende Vorschriften ersetzt:

Die Kosten der Eröffnung einer Verfügung von Todeswegen, der Sicherung des Nachlasses, einer Nachlaßpflegschaft und der Inventarerrichtung können aus dem Nachlaß entnommen werden. Für die Zahlung der Kosten haften die Erben nach den Vorschriften über Nachlaßverbindlichkeiten.

Für die Kosten der Theilung von Vermögensmassen haften die Antheilsberechtigten als Gesammtschuldner.

Die einem Erben oder einem Antheilsberechtigten zustehende Gebührenfreiheit entbindet ihn nicht von der Entrichtung der in den Abs. 1, 2 bezeichneten Gebühren.

V. Am Schlusse des § 7 Abs. 1 wird folgender Satz hinzugefügt:

Die Vorschriften des § 43 des Gesetzes vom 11. Juni 1874 über die Enteignung von Grundeigenthum (Gesetz-Samml. S. 221) finden auf alle Besitzveränderungen, denen sich die Betheiligten aus Gründen des öffentlichen Wohles zu unterwerfen gesetzlich verpflichtet sind (Enteignungen), entsprechende Anwendung.

VI. Im § 8 Abs. 1 treten an die Stelle der Nr. 6 folgende Nr. 6, 7:

6. Aktiengesellschaften, Genossenschaften und Gesellschaften mit beschränkter Haftung, deren durch Statut bestimmter Zweck ausschließlich darauf gerichtet ist, unbemittelten Familien gesunde und zweckmäßig eingerichtete Wohnungen in eigens erbauten oder angekauften Häusern zu billigen Preisen zu verschaffen, und deren Statut die an die Gesellschafter zu vertheilende Dividende auf höchstens vier Prozent ihrer Antheile beschränkt, auch den Gesellschaftern für den Fall der Auflösung der Gesellschaft nicht mehr als den Nennwerth ihrer Antheile zusichert, den etwaigen Rest des Gesellschaftsvermögens aber für gemeinnützige Zwecke bestimmt;

7. andere als die in Nr. 6 bezeichneten

Privatunternehmungen, welche nicht auf einen besonderen Geldgewinn der Unternehmer gerichtet sind, sondern einen gemeinnützigen, nicht auf einzelne Familien oder Korporationen beschränkten Zweck haben, sofern denselben durch besondere gesetzliche Bestimmung Gebührenfreiheit bewilligt ist. Die bisher solchen Unternehmungen, z. B. Pensions- und Versicherungsanstalten, Bürger-Rettungsinstituten u. s. w., bereits bewilligten Befreiungen bleiben in Kraft. Wenn in einzelnen Fällen die Befreiung zweifelhaft ist, so ist darüber gemeinschaftlich von den Ministern der Finanzen und der Justiz zu entscheiden.

Zwischen dem Abs. 1 und dem bisherigen Abs. 2, welcher Abs. 5 wird, werden folgende Vorschriften eingestellt:

Dem Fiskus anderer Staaten sowie den öffentlichen Anstalten und Kassen, die für Rechnung eines anderen Staates verwaltet werden oder diesen gleichgestellt sind, und den Chefs der bei dem Deutschen Reiche oder bei Preußen beglaubigten Missionen kann die Gebührenfreiheit gewährt werden, wenn der betreffende Staat Preußen gegenüber die gleiche Rücksicht übt.

In den Fällen der Nr. 2 bis 7 erstreckt sich die Gebührenfreiheit nur auf Preußische Anstalten, Stiftungen, Vereine u. s. w. Diese Befreiung kann jedoch auch anderen Anstalten, Stiftungen, Vereinen u. s. w. gewährt werden, wenn der auswärtige Staat Preußen gegenüber die gleiche Rücksicht übt.

Ueber die Gewährung der Gebührenfreiheit nach den Abs. 2, 3 entscheiden die Minister der Finanzen und der Justiz gemeinschaftlich.

VII. Im Eingange des § 10 werden die Worte „tauben, stummen, blinden oder geisteskranken" ersetzt durch die Worte:

„geisteskranken oder geistesschwachen".

Die Nr. 4 wird gestrichen.

Als Abs. 2 werden folgende Vorschriften hinzugefügt:

Die vorstehenden Bestimmungen finden entsprechende Anwendung auf minderjährige, geisteskranke, geistesschwache oder gebrechliche Personen, für die eine Pflegschaft oder Beistandschaft im Sinne des § 91 eingeleitet ist. Wird die Angabe des Vermögens von dem Inhaber der elterlichen Gewalt verweigert, so hat das Vormundschaftsgericht nach freiem Ermessen nach Anhörung des Gewalthabers sowohl den Betrag des Vermögens als auch die

Höhe des Ueberschusses der Einkünfte (Nr. 2) festzusetzen. Diese Festsetzung ist maßgebend für die Erhebung der in der Vormundschaftssache selbst entstandenen Kosten; andere Kosten sind ohne Rücksicht auf die Vorschrift der Nr. 2 sofort zu erheben.

VIII. Der § 13 erhält folgende Fassung:

Der Anspruch auf Zahlung von Gerichtskosten verjährt in vier Jahren.

Auf die Verjährung finden die Vorschriften des Bürgerlichen Gesetzbuchs mit folgenden Maßgaben Anwendung:

Die Verjährung beginnt mit dem Schlusse des Jahres, in welchem die Kostenforderung fällig wird, bezüglich der Kosten, welche von den im § 10 bezeichneten Personen zu entrichten sind, mit dem Schlusse des Jahres, in welchem die über sie geführte Vormundschaft, Pflegschaft oder Beistandschaft beendigt wird.

Die Verjährung wird auch unterbrochen durch eine an den Zahlungspflichtigen erlassene Aufforderung zur Zahlung und durch die Bewilligung einer von ihm nachgesuchten Stundung. Wird die Verjährung unterbrochen, so beginnt eine neue Verjährung nicht vor dem Schlusse des Jahres, in welchem der für die Beendigung der

Unterbrechung maßgebende Zeitpunkt eintritt, und im Falle der Bewilligung einer Stundung nicht vor dem Schlusse des Jahres, in welchem die bewilligte Frist abläuft.

IX. Im § 26 Satz 2 werden hinter dem Worte „vorliegt" folgende Worte eingeschaltet:

„oder die Beschwerdesumme den Betrag von fünfzig Mark nicht übersteigt".

X. Im § 31 wird der Abs. 1 Satz 2 durch folgende Vorschrift ersetzt:

Dasselbe gilt, wenn Verfügungen von Todeswegen zur amtlichen Verwahrung überreicht oder durch Uebergabe einer Schrift errichtet werden, hinsichtlich des für Testamente und andere Verfügungen von Todeswegen vorgeschriebenen Stempels von 1 Mark 50 Pf., sowie wenn Urkunden zur gerichtlichen Vollziehung, Anerkennung des Inhalts, Sicherstellung der Zeit der Ausstellung, Genehmigung oder Bestätigung überreicht werden.

XI. Im § 34 treten an die Stelle der Worte „einseitiger Rechtsgeschäfte" die Worte:

„einseitiger Erklärungen oder einseitiger Verträge".

XII. Als § 35a werden folgende Vorschriften eingestellt:

Wird zum Zwecke der Schließung eines zweiseitigen Vertrags zunächst der Antrag beurkundet, so werden hierfür fünfzehn Zehntheile der vollen Gebühr erhoben.

Auf die Beurkundung der Annahme eines Vertragsantrags findet die Vorschrift des § 37 Nr. 1 bei einseitigen und bei zweiseitigen Verträgen Anwendung.

XIII. Im § 41 Abs. 1 werden zwischen den Worten „Erklärung" und „werden" folgende Worte eingefügt:

„(§ 176 Abs. 2 des Gesetzes über die Angelegenheiten der freiwilligen Gerichtsbarkeit)".

XIV. Im § 43 treten an die Stelle der Nr. 1 folgende Nr. 1, 2:

1. für die Beurkundung oder Beglaubigung von Anträgen auf Eintragungen oder Löschungen im Grundbuch oder im Schiffsregister sowie von Eintragungs- oder Löschungsbewilligungen oder Zustimmungen nach § 27 der Grundbuchordnung oder nach § 105 des Gesetzes über die Angelegenheiten der freiwilligen Gerichtsbarkeit, sofern nicht gleichzeitig das zu Grunde liegende Rechtsgeschäft beurkundet oder beglaubigt wird;

2. für die Beurkundung einer Auflassung, sofern nicht gleichzeitig das zu

Grunde liegende Rechtsgeschäft beurkundet wird oder nach § 57 Gebührenfreiheit eintritt.

Die Nr. 2, 3 werden in 3, 4 geändert. Die bisherige Nr. 4 fällt fort.

XV. Im § 44 erhalten die Abs. 1 bis 4 folgende Fassung:

Für die Errichtung eines Erbvertrags vor einem Richter wird die zweifache Gebühr erhoben, wenn der Erbvertrag mündlich erklärt oder der Entwurf vom Richter angefertigt wird. In allen anderen Fällen wird für die Errichtung einer Verfügung von Todeswegen vor einem Richter die volle Gebühr erhoben.

Für die amtliche Verwahrung einer Verfügung von Todeswegen werden bei der Annahme zwei Zehntheile der vollen Gebühr erhoben.

Für die Eröffnung einer Verfügung von Todeswegen werden fünf Zehntheile der vollen Gebühr erhoben. Die Ertheilung beglaubigter Abschriften ist gebührenfrei.

Für die Rückgabe einer Verfügung von Todeswegen werden fünf Zehntheile der vollen Gebühr erhoben. Diese Gebühr fällt fort, wenn die Rückgabe gleichzeitig mit der Errichtung oder Ueberreichung einer neuen Verfügung von

Todeswegen beantragt wird. Diese Vorschriften finden entsprechende Anwendung auf den Widerruf einer letztwilligen Verfügung oder die Aufhebung eines Erbvertrags.

Zwischen Abs. 4 und 5 wird folgender neue Absatz eingeschoben:

Wird ein Erbvertrag gleichzeitig mit einem Ehevertrage beurkundet, so finden die Vorschriften des § 39 Anwendung.

XVI. Im § 46 erhält der Abs. 2 folgende Fassung:

Die Gebühr für die Vorbereitung der Versteigerung wird auch für die gerichtliche Verfügung erhoben, durch welche nach Artikel 112 des Preußischen Gesetzes über die freiwillige Gerichtsbarkeit die Versteigerung einer Ortsbehörde aufgetragen wird.

Im Abs. 1 und 4 werden die Worte „oder anderen (sonstige) Gegenständen des unbeweglichen Vermögens" ersetzt durch die Worte:

„oder anderen (andere) Gegenständen, welche der Zwangsvollstreckung in das unbewegliche Vermögen unterliegen".

Im Abs. 4 erhält der Satz 2 folgende Fassung:

Die Gebühr für die Beurkundung des Zuschlags wird jedoch für jeden Ersteher besonders nach dem zusammenzurechnenden Betrage seiner Gebote erhoben.

XVII. Im § 49 Nr. 2 werden die Worte:

„im Erbbescheinigungsverfahren" ersetzt durch die Worte:

„behufs Erlangung eines Erbscheins".

Die Nr. 3, 4 erhalten folgende Fassung:

3. für die Mitwirkung bei Abmarkungen;
4. für die Aufnahme von Verklarungen, von Protesten und ähnlichen Urkunden;

XVIII. Im § 51 Satz 1 werden die Worte „sowie für die Erneuerung von Urkunden" gestrichen; hinter dem Worte „Gebühr" werden die Worte „bis zum Höchstbetrage von 10 Mark" eingeschoben.

Im Satz 2 werden hinter „aufgenommen hat" die Worte eingeschaltet:

„einschließlich der Ertheilung auszugsweiser Ausfertigungen oder beglaubigter Abschriften".

XIX. An die Stelle der Nr. 1, 2 des § 52 treten folgende Worte:

„für die Sicherstellung der Zeit, zu welcher eine Privaturkunde ausgestellt ist".

XX. Als § 54a werden folgende Vorschriften eingestellt:

Die Gebühren für die Beurkundung eines Rechtsgeschäfts werden um ein Viertheil erhöht, wenn sich ein Betheiligter in fremder Sprache erklärt.

Die Gebührenerhöhung sowie die durch

die Zuziehung eines Dolmetschers entstandenen Auslagen fallen dem Betheiligten zur Last, welcher die Zuziehung des Dolmetschers oder die Verhandlung in fremder Sprache veranlaßt hat.

XXI. Der § 55 erhält folgenden Zusatz:

Der auf dem Geschäfte ruhende Stempel wird für die Urschrift erhoben; die erste Ausfertigung ist stempelfrei, für weitere Ausfertigungen wird der Stempel nach der Tarifstelle „Duplikate" erhoben. Im Uebrigen finden auf die Besteuerung von Ausfertigungen und beglaubigten Abschriften die Vorschriften des § 109 Abs. 3 Anwendung.

XXII. Im § 76 werden folgende Vorschriften als Abs. 3, 4 hinzugefügt:

Für Bescheinigungen, daß bezüglich des Gegenstandes einer Eintragung weitere Eintragungen nicht vorhanden sind oder daß eine bestimmte Eintragung nicht erfolgt ist, sowie für die wiederholte Ertheilung einer Bescheinigung, einer Abschrift oder eines Auszugs wird eine Gebühr von 1 Mark erhoben.

Auf die Ertheilung beglaubigter Abschriften der zum Handelsregister eingereichten Schriftstücke finden die Vorschriften des § 51 Anwendung.

XXIII. Im § 77 treten an die Stelle der Nr. 4 folgende Nr. 4 bis 6:

4. für die Eintragung der Konkurseröffnung, der Aufhebung des Eröffnungsbeschlusses, sowie der Einstellung und Aufhebung des Konkurses;

5. für eine nach den §§ 142 bis 144 des Gesetzes über die Angelegenheiten der freiwilligen Gerichtsbarkeit von Amtswegen erfolgende Löschung; wird der Widerspruch eines Betheiligten zurückgewiesen, so hat er für die Zurückweisung die für die Löschung bestimmte Gebühr zu entrichten;

6. für das Löschungsverfahren nach § 141 des Gesetzes über die Angelegenheiten der freiwilligen Gerichtsbarkeit, falls die Löschung in Folge erhobenen Widerspruchs unterbleibt.

XXIV. Hinter § 77 werden folgende Vorschriften eingestellt:

§ 77a.

Für die Eintragungen in das Vereinsregister werden erhoben:

a) für alle Eintragungen mit Ausnahme der unter b und c bezeichneten Eintragungen der Gebührensatz B des § 56;

b) für die erste Eintragung des Vereins das Zweifache des Satzes zu a;

c) für Eintragungen, welche sich auf Mitglieder des Vorstandes oder Liquidatoren beziehen, sowie für die Löschung des Vereins die Hälfte des Satzes zu a.

Die Vorschriften der §§ 75 Abs. 2, 76, 77 finden mit der Maßgabe entsprechende Anwendung, daß an die Stelle des im § 76 erwähnten Satzes 1 a des § 74 der im Abs. 1 bestimmte Satz a tritt.

§ 77 b.

Für die Eintragungen in das Güterrechtsregister wird der nach § 22 Abs. 1 zu berechnende Gebührensatz B des § 56 erhoben.

Die Vorschriften der §§ 76, 77 finden mit der Maßgabe entsprechende Anwendung, daß an die Stelle des im § 76 erwähnten Satzes 1 a des § 74 der im Abs. 1 bestimmte Satz tritt.

XXV. Im § 78 Abs. 3 werden die Worte „Certifikats über die Eintragung in das Schiffsregister“, „dem Certifikate“ ersetzt durch die Worte „des Schiffscertifikats oder des Schiffsbriefes“, „dem Schiffscertifikate oder dem Schiffsbriefe“.

XXVI. Im § 81 Abs. 1 werden die Worte „Für die Ausstellung einer Erbbescheinigung, einer Bescheinigung des Nachlaßgerichts, daß sich nach erfolgter öffentlicher Ladung Niemand gemeldet habe, der ein besseres Erbrecht in Anspruch nimmt, oder darüber, ob und welche Vorbehaltserben vorhanden sind, sowie der in den §§ 8, 9 des Gesetzes vom 12. März 1869, betreffend die Ausstellung gerichtlicher Erbbescheinigungen (Gesetz-Samml. S. 473) erwähnten Bescheinigungen" ersetzt durch die Worte:

„Für die Ertheilung eines Erbscheins".

Zwischen Abs. 2 und 3 wird folgender neue Absatz eingeschoben:

Für die Einziehung oder Kraftloserklärung eines Erbscheins werden, sofern nicht ein neuer Erbschein ertheilt ist, drei Zehntheile des im § 56 bestimmten Gebührensatzes B erhoben. Wird demnächst ein neuer Erbschein ertheilt, so wird diese Gebühr auf die Gebühr für die Ertheilung des Erbscheins angerechnet. Für die Veranstaltung von Ermittelungen über die Richtigkeit eines Erbscheins werden Gebühren nicht erhoben.

Der bisherige Abs. 3 erhält folgende Fassung:

Bei der Berechnung der Gebühren wird der Werth des Nachlasses und, wenn der Erbschein nur zur Verfügung über einzelne Gegenstände berechtigt, der Werth dieser Gegenstände nach Abzug der auf dem

Nachlaß oder auf diesen Gegenständen haftenden Schulden zu Grunde gelegt. Wird über mehrere Erbfälle ein Erbschein ertheilt, so werden die Beträge der mehreren Nachlässe zusammengerechnet. Wird der Erbschein nur über das Erbrecht eines Miterben ertheilt, so ist für die Gebührenerhebung nur dessen Erbtheil maßgebend.

Hinter dem bisherigen Abs. 3 werden folgende neue Absätze eingeschoben:

Wird dem Nachlaßgerichte glaubhaft gemacht, daß der Erbschein nur zur Verfügung über ein Grundstück oder ein im Grundbuch eingetragenes Recht gebraucht werde und wird beantragt, die Ausfertigung des Erbscheins dem Grundbuchamte zur Aufbewahrung bei dessen Akten zu übersenden, so wird die im Abs. 1 Satz 1 bestimmte Gebühr nur nach dem Werthe des Gegenstandes, über den verfügt werden soll, berechnet. Wird demnächst die Ertheilung einer Ausfertigung oder einer Abschrift des Erbscheins beantragt, so hat der Antragsteller die nach dem Werthe des reinen Nachlasses berechnete Gebühr der Abs. 1 Satz 1 nach Abzug des bereits bezahlten Betrages nachzuentrichten.

Die Vorschriften der Abs. 1 bis 5 finden

auf das Zeugniß über die Fortsetzung der Gütergemeinschaft oder die Ernennung eines Testamentsvollstreckers entsprechende Anwendung; bei der Berechnung der Gebühr für das Zeugniß über die Fortsetzung der Gütergemeinschaft tritt an die Stelle des Werthes des Nachlasses der halbe Werth des Gesammtguts der fortgesetzten Gütergemeinschaft.

Der bisherige Abs. 4 erhält folgende Fassung:

Für die von einem Rechtsnachfolger von Todeswegen nach den Gesetzen über das Reichsschuldbuch und das Staatsschuldbuch beizubringende Bescheinigung, daß er über die eingetragene Forderung zu verfügen berechtigt ist, sowie für die in den §§ 37, 38 der Grundbuchordnung vorgesehenen Zeugnisse werden drei Zehntheile der im § 33 bestimmten Gebühr bis zum Höchstbetrage von 10 Mark erhoben. Sind in den Fällen der §§ 37, 38 der Grundbuchordnung die Theilungsurkunden vom Gericht aufgenommen oder bestätigt, so werden für die Zeugnisse Gebühren nicht erhoben.

XXVII. An die Stelle des § 82 Abs. 1 Satz 2 treten als § 82a folgende Vorschriften:

Wird eine Nachlaßverwaltung, eine sonstige Nachlaßpflegschaft oder eine Abwesenheitspflegschaft nach § 88 des Gesetzes über die Angelegenheiten der freiwilligen Gerichtsbarkeit angeordnet, so finden die Vorschriften des sechsten Abschnitts mit der Maßgabe Anwendung, daß an die Stelle des Vermögens des Mündels der Werth des Nachlasses oder des Antheils des Abwesenden zur Zeit der Anordnung tritt und bei der Nachlaßverwaltung ein Abzug der Schulden nicht stattfindet. Auf die Gebühr für die Nachlaßpflegschaft wird die im § 82 Abs. 1 bestimmte Gebühr angerechnet, wenn die Nachlaßpflegschaft zur Sicherung des Nachlasses eingeleitet wird.

XXVIII. Der § 83 erhält folgende Fassung:

Für das Verfahren zur Feststellung des Erbrechts des Fiskus oder der an seine Stelle tretenden Körperschaft, Stiftung oder Anstalt des öffentlichen Rechtes wird die im § 81 für die Ertheilung eines Erbscheins bestimmte Gebühr erhoben. Wird auf Grund dieser Feststellung ein Erbschein ertheilt, so ist hierfür eine besondere Gebühr nicht zu erheben.

XXIX. Im § 84 Abs. 1 werden die Worte „durch Rezeß“ ersetzt durch die Worte:

„durch die Bestätigung der Auseinandersetzung oder durch die Beurkundung einer vertragsmäßigen Auseinandersetzung“.

Als Abs. 5 wird hinzugefügt:

Auf die in den Abs. 1, 3 bestimmten Gebühren finden die Vorschriften des § 54a entsprechende Anwendung.

XXX. Hinter § 84 wird folgende Vorschrift als § 84a eingefügt:

Wird die Vermittelung der Auseinandersetzung einem Notar übertragen, so wird ein Zehntheil der Sätze des § 8 des Deutschen Gerichtskostengesetzes erhoben:

1. für die Entscheidung über den Antrag auf Einleitung des Verfahrens;
2. für die Entscheidung über die Bestätigung der Auseinandersetzung;
3. für die Anordnung einer Beweisaufnahme.

Jede der vorbezeichneten Gebühren wird in jeder Instanz rücksichtlich eines jeden Theiles des Nachlasses nur einmal erhoben. Sind die Gebühren mehrfach von verschiedenen Theilen des Nachlasses anzusetzen, so darf ihr Gesammtbetrag die nach dem Werthe des gesammten Nachlasses berechnete Gebühr nicht übersteigen.

Das Gericht kann, wenn der im Artikel 21 Abs. 1 des Preußischen Gesetzes über die freiwillige Gerichtsbarkeit bezeichnete Antrag nach dem ersten Verhandlungstermine gestellt wird, von Amtswegen die Erhebung einer besonderen Gebühr beschließen; die Gebühr beträgt ein Zehntheil der Sätze des § 8 des Deutschen Gerichtskostengesetzes, kann aber vom Gericht bis auf zwei Hundertttheile dieser Sätze herabgesetzt werden. Gegen den Beschluß findet Beschwerde nach Maßgabe der Artikel 4 bis 7 des Preußischen Gesetzes über die freiwillige Gerichtsbarkeit statt.

XXXI. Im § 88 werden die Worte „Für die Aufnahme oder Niederlegung von Erklärungen, welche den Antritt oder die Entsagung einer Erbschaft, den Vorbehalt der Rechtswohlthat des Inventars, die Annahme der Gütergemeinschaft oder den Verzicht auf dieselbe betreffen, für die Bestimmung oder Verlängerung von Fristen zu solchen Erklärungen, sowie für die Niederlegung eines Vermögensverzeichnisses“ ersetzt durch die Worte:

„Für die Entgegennahme von Erklärungen, Anmeldungen und Anzeigen seitens des Nachlaßgerichts einschließlich der Beurkundung oder Beglaubigung durch das Nachlaßgericht, für die Entgegennahme des Inventars einschließlich der Anordnung wegen Aufnahme des Inventars durch eine zuständige Behörde oder einen zuständigen Beamten oder Notar, für die Bestimmung oder Verlängerung einer Frist durch das Nachlaßgericht, für die nach den Vorschriften des Bürgerlichen Gesetzbuchs über Testamentsvollstrecker vom Nachlaßgerichte zu treffenden Anordnungen, sowie für die Abhaltung des Termins zur Leistung des im § 2006 des Bürgerlichen Gesetzbuchs vorgesehenen Offenbarungseids".

An die Stelle des Abs. 1 Satz 3 tritt folgende Vorschrift:

„Im Falle der Anmeldung von Nachlaßforderungen auf Aufforderung eines Miterben wird die Gebühr nur einmal vom Miterben erhoben."

Im Abs. 2 werden hinter dem Worte „wird" folgende Worte eingeschaltet:

„sofern eine vermögensrechtliche Angelegenheit vorliegt".

XXXII. Im § 89 Abs. 2 Satz 3 wird zwischen „in" und „Gütergemeinschaft" das Wort „einer" eingeschaltet.

XXXIII. Der sechste Abschnitt erhält die Ueberschrift:

„Thätigkeit des Vormundschaftsgerichts."

XXXIV. Im § 90 Abs. 1 treten an die Stelle der Worte „und im Falle der Bestellung eines Gegenvormundes neben dem gesetzlichen Vormunde" die Worte:

„oder Beistandschaften sowie im Falle einer sonstigen Fürsorge für ein unter elterlicher

Gewalt stehendes Kind, insbesondere im Falle der Genehmigung eines Rechtsgeschäfts oder im Falle einer Verfügung nach den §§ 112, 1631, 1635, 1636, 1645, 1665, 1677, 2282 des Bürgerlichen Gesetzbuchs".

Der Abs. 2 erhält folgende Fassung:

Diese Gebühr kommt jedoch nur insoweit zum Ansatz, als nicht rücksichtlich der Personen, in deren Interesse ein Pfleger oder Beistand bestellt oder eine sonstige Fürsorgethätigkeit ausgeübt wird, eine Vormundschaft, Pflegschaft oder Beistandschaft eingeleitet oder einzuleiten ist, auf welche die Bestimmungen des § 91 Anwendung finden.

Der Abs. 3 fällt weg.

XXXV. Im § 91 Nr. 1 ist hinter „Pflegschaften" einzuschalten „oder Beistandschaften", statt der Worte „oder Pflegschaft" zu setzen „Pflegschaft oder Beistandschaft". Die Worte „mit Ausnahme der gesetzlichen Vormundschaft" sind zu streichen.

Die Nr. 3 wird gestrichen.

Hinter der bisherigen Nr. 4 werden folgende neue Vorschriften hinzugefügt:

4. Die Vorschriften der Nr. 1 bis 3 finden auch auf die vorläufige Vormundschaft Anwendung. Endigt die vorläufige

Vormundschaft, weil auf Grund der erfolgten Entmündigung ein Vormund bestellt wird, so gelten die vorläufige und die endgültige Vormundschaft als ein Verfahren.

XXXVI. Hinter § 91 werden folgende Vorschriften eingestellt:

§ 91 a.

Bei keinem Mündel, Pflegebefohlenen oder unter elterlicher Gewalt stehenden Kinde darf der Gesammtbetrag der nach dem § 90 und dem § 91 Nr. 1 zu erhebenden Gebühren denjenigen Betrag übersteigen, der nach § 91 Nr. 1 im Falle der Vormundschaft zu erheben ist.

§ 91 b.

Drei Zehntheile der Sätze des § 8 des Deutschen Gerichtskostengesetzes werden erhoben:

1. für Volljährigkeitserklärungen, wenn der Minderjährige nicht unter Vormundschaft steht;
2. für die Ersetzung der elterlichen Einwilligung zur Eingehung der Ehe oder der Einwilligung der Mutter zur Ehelichkeitserklärung;
3. für Entscheidungen, betreffend den Unterhalt der Kinder nach § 1612 des Bürgerlichen Gesetzbuchs;

4. für die Uebertragung der Ausübung der elterlichen Gewalt an die Mutter (§ 1685 Abs. 2 des Bürgerlichen Gesetzbuchs);
5. für die Ersetzung der Zustimmung antheilsberechtigter Abkömmlinge zu Rechtsgeschäften des überlebenden Ehegatten im Falle der fortgesetzten Gütergemeinschaft;
6. für die Thätigkeit des Vormundschaftsgerichts im Falle der Verheirathung des Vaters oder der Mutter sowie für die nach den §§ 1639 Abs. 1, 1640 Abs. 2, 1653, 1666, 1667, 1668, 1670, 1760 Abs. 2 des Bürgerlichen Gesetzbuchs zu treffenden Anordnungen;
7. für Entscheidungen, welche die persönlichen Rechtsbeziehungen der Ehegatten zu einander oder das eheliche Güterrecht betreffen;
8. für sonstige Verfügungen des Vormundschaftsgerichts, die sich nicht auf Mündel, Pflegebefohlene oder unter elterlicher Gewalt stehende Kinder beziehen.

Zahlungspflichtig ist in den Fällen unter Nr. 4, 6 der Vater oder die Mutter.

Hat eine Rechnungslegung stattzufinden, so werden neben der im Abs. 1 bestimmten

Gebühr die Gebühren des § 91 Nr. 2 erhoben.

XXXVII. Im § 92 Abs. 1 werden vor den Worten „baare Auslagen" die Worte eingeschaltet „die im § 91 b bestimmten Gebühren". Die Worte „oder Pflegschaft", und „Pflegschaften" werden durch die Worte „Pflegschaft oder Beistandschaft", „Pflegschaften und Beistandschaften" ersetzt.

An die Stelle des Abs. 3 tritt folgende Vorschrift:

Die Vorschrift des § 11 des Gesetzes, betreffend die Unterbringung verwahrloster Kinder, vom 13. März 1878 (Gesetz-Samml. S. 132) bleibt unberührt.

XXXVIII. An die Stelle der §§ 95 bis 97 treten folgende Vorschriften:

§ 95.

Für die gerichtliche Bewilligung der Befreiung von Erfordernissen der Eheschließung, für die gerichtliche Bewilligung von sonstigen Befreiungen, sowie für die Entgegennahme einer Erklärung über den Familiennamen einschließlich der Beurkundung oder Beglaubigung werden drei Zehntheile der Sätze des § 8 des Deutschen Gerichtskostengesetzes erhoben.

§ 96.

Für die Bestätigung des Vertrags, durch welchen Jemand an Kindesstatt angenommen oder das durch die Annahme an Kindesstatt begründete Rechtsverhältniß wieder aufgehoben wird, werden fünf Zehntheile der im § 33 bestimmten Gebühr erhoben. Ist der Vertrag von dem zur Bestätigung zuständigen Gerichte beurkundet, so werden für die Bestätigung besondere Gebühren nicht erhoben.

§ 97.

Für die Genehmigung einer Familienstiftung wird die im § 33 bestimmte Gebühr erhoben. Diese Gebühr bleibt außer Ansatz, wenn die Stiftungsurkunde von dem genehmigenden Gericht aufgenommen ist.

XXXIX. Im § 98 werden eingeschaltet im Satz 1 hinter dem Worte „Gegenständen" die Worte „sowie für die Bestellung eines Dispacheurs oder eines Verwahrers einschließlich der Bestimmung seiner Vergütung", im Satz 2 hinter dem Worte „Zustandes" die Worte „oder Werthes".

XXXX. Hinter § 98 werden folgende Vorschriften als § 98a eingestellt:

Wird bei dem Gericht eine Verhandlung über die vom Dispacheur aufgemachte

Dispache beantragt, so sind für das gesammte Verfahren drei Zehntheile der Sätze des § 8 des Deutschen Gerichtskostengesetzes zu erheben. Als Werth des Gegenstandes ist anzusehen der Betrag des Havereischadens, wenn jedoch der Werth des Geretteten an Schiff, Fracht und Ladung geringer ist, dieser geringere Betrag. Wird die Dispache bestätigt, so haften die am Verfahren Betheiligten für die Kosten als Gesammtschuldner.

XXXXI. Im § 99 erhält Abs. 1 folgende Fassung:

In dem nach den §§ 132 bis 139 des Gesetzes über die Angelegenheiten der freiwilligen Gerichtsbarkeit eintretenden Verfahren werden in jeder Instanz die Sätze des § 8 des Deutschen Gerichtskostengesetzes erhoben

1. für die Festsetzung der Ordnungsstrafe;
2. für die Verhandlung in den nach § 134 anberaumten Terminen;
3. für die Anordnung einer Beweisaufnahme.

Der Abs. 4 Satz 2 wird gestrichen.

Als Abs. 5 wird hinzugefügt:

Die Vorschriften der Abs. 1 bis 4 finden auf andere Fälle der Festsetzung von Ordnungsstrafen insbesondere nach § 151 des Gesetzes über die Angelegenheiten der freiwilligen Gerichtsbarkeit, entsprechende Anwendung.

XXXXII. Im § 100 werden die Worte „und den Einführungsgesetzen zu demselben, sowie" gestrichen. Hinter dem Worte „erfordern" werden folgende Worte eingefügt „sowie von Angelegenheiten ähnlicher Art".

XXXXIII. Der § 101 erhält folgenden Zusatz:

Das Gleiche gilt von der gerichtlichen Festsetzung der einem Betheiligten zu erstattenden Kosten, von Zeugnissen über die Rechtskraft, sowie von gerichtlichen Vollstreckungshandlungen nach Artikel 17 des Preußischen Gesetzes über die freiwillige Gerichtsbarkeit.

Der § 101 ist in den Abschnitt 9, der die Ueberschrift „Gemeinschaftliche Bestimmungen für die Abschnitte 2 bis 8" erhält, hinter § 107 einzustellen.

XXXXIV. Im § 103 Abs. 2 wird folgende Vorschrift hinzugefügt:

Gebühren und Auslagen werden nicht erhoben, soweit die Gegenseitigkeit verbürgt ist. Ob diese Voraussetzung gegeben ist, entscheidet der Justizminister.

XXXXV. Im § 106 Nr. 1 ist statt „In Grundbuchsachen" zu setzen „In Grundbuchsachen und in Schiffspfandsachen". Am Schlusse der Nr. 1 ist hinzuzusetzen:

Die Aufnahme von Anträgen und Erklärungen nach § 11 des Gesetzes über die Angelegenheiten der freiwilligen Gerichtsbarkeit ist auch in Angelegenheiten, für welche Gerichte eines anderen Bundesstaats zuständig sind, gebührenfrei, sofern die Gegenseitigkeit verbürgt ist. Ob diese Voraussetzung gegeben ist, entscheidet der Justizminister.

Am Schlusse der Nr. 3 ist hinzuzusetzen:

Als Beschwerde im Sinne dieses Gesetzes ist auch die Anrufung einer Entscheidung des Landgerichts nach Artikel 51 Abs. 2 des Preußischen Gesetzes über die freiwillige Gerichtsbarkeit anzusehen.

Im Satz 2 ist statt „Anwendung" zu setzen: „mit der Maßgabe Anwendung, daß die Gebühr für die Zurücknahme 6 Mark, die Gebühr für die Verwerfung der Beschwerde 20 Mark nicht übersteigen darf".

XXXXVI. Hinter § 106 werden als § 106a folgende Vorschriften eingestellt:

Auf die Ertheilung beglaubigter Abschriften aus den Gerichtsakten finden, soweit nicht ein Anderes bestimmt ist, die Vorschriften des § 51 Anwendung.

Soweit für die Ertheilung von Bescheinigungen oder beglaubigten Abschriften aus gerichtlichen Registern eine Gebühr nicht bestimmt ist, wird neben den Schreibgebühren der tarifmäßige Stempel erhoben.

XXXXVII. Im § 111 werden die Worte „Aufnahme oder Annahme einer letztwilligen Verfügung" ersetzt durch die Worte:

„Errichtung eines Testaments oder eines Erbvertrags".

XXXXVIII. Hinter § 122 wird folgende Vorschrift eingestellt:

§ 122 a.

Auf ein Vertheilungsverfahren im Falle einer Enteignung (Artikel 53, 54, 109 des Einführungsgesetzes zum Bürgerlichen Gesetzbuch) oder der Beschädigung eines Grundstücks durch Bergbau finden die Vorschriften über ein Vertheilungsverfahren im Falle der Zwangsvollstreckung entsprechende Anwendung. Wird der Antrag auf Eröffnung des Verfahrens zurückgewiesen oder wird er zurückgenommen, ehe die Eröffnung des Verfahrens verfügt ist, so wird ein Zehntheil der im § 8 des Deutschen Gerichtskostengesetzes bestimmten Gebühr nach dem den Gegenstand des Verfahrens bildenden Gesammtbetrag und, wenn ein Berechtigter der Antragsteller ist und der von diesem Berechtigten beanspruchte Betrag geringer ist als der

Gesammtbetrag, nach dem Betrage des Anspruchs erhoben.

XXXXIX. An die Stelle des § 124 Abs. 2 tritt folgende Vorschrift:

Unberührt bleiben die nach dem 25. Juni 1895 erlassenen Vorschriften über das Kostenwesen.

L. Im § 132 Abs. 1 Satz 1 werden die Worte „1. Oktober 1895" ersetzt durch die Worte „Bürgerlichen Gesetzbuche"; im Satz 2 werden die Worte „am 1. Oktober 1895" gestrichen.

Als Abs. 2, 3 werden folgende Vorschriften hinzugefügt:

Soweit nach Uebergangsvorschriften noch Geschäfte vorkommen, für welche in diesem Gesetze keine Bestimmungen getroffen sind, bleiben die bisherigen Vorschriften maßgebend. Die Vorschriften über die Kosten der ersten Anlegung der Grundbücher bleiben bis zu dem Zeitpunkt in Kraft, zu welchem das Grundbuch als angelegt anzusehen ist.

Die Vorschriften der §§ 12 bis 17, 23 bis 27 treten auch für die früher fällig gewordenen Kosten in Kraft; die Vorschriften im Artikel 169 des Einführungsgesetzes zum Bürgerlichen Gesetzbuche finden entsprechende Anwendung.

§ 2. Der Justizminister wird ermächtigt, den Text des Preußischen Gerichtskostengesetzes, wie er sich aus den im § 1 sowie in dem Ausführungsgesetze zur Grundbuchordnung vorgesehenen Aenderungen ergiebt, unter fortlaufender Nummernfolge der Paragraphen und unter Herstellung einer einheitlichen Schreibweise durch die Gesetzsammlung bekannt zu machen. Hierbei ist den Verweisungen auf die Vorschriften der Civilprozeßordnung dieses Gesetz in der Fassung des vom Reichskanzler im Reichsgesetzblatte für 1898 S. 410 veröffentlichten Textes, den Verweisungen auf die Vorschriften des Preußischen Gesetzes über die freiwillige Gerichtsbarkeit dieses Gesetzes in der endgültig festgestellten Fassung zu Grunde zu legen. Als besondere Paragraphen sind einzuschalten die Bestimmungen des § 17 Abs. 4 hinter § 21, die Bestimmungen des letzten Absatzes des § 81 hinter § 81.

Soweit in anderen Gesetzen auf Vorschriften des Preußischen Gerichtskostengesetzes verwiesen ist, treten die entsprechenden Vorschriften des durch den Justizminister bekannt gemachten Textes an die Stelle.

Schlußbestimmungen.

Artikel 87.

Soweit in Gesetzen auf Vorschriften verwiesen ist, welche durch dieses Gesetz außer Kraft gesetzt werden, treten an deren Stelle die entsprechenden neuen Vorschriften.

Artikel 88.

Die in den Artikeln 57, 58 des Einführungsgesetzes zum Bürgerlichen Gesetzbuche gemachten Vorbehalte gelten auch gegenüber den Vorschriften dieses Gesetzes.

Artikel 89.

Die nachstehenden Vorschriften werden, soweit sie nicht schon in Folge Reichsgesetzes außer Kraft treten, unbeschadet der Uebergangsvorschriften, aufgehoben:

1. folgende Vorschriften des Allgemeinen Landrechts, soweit sie sich nicht auf öffentliches Recht beziehen:
   a) die Einleitung mit Ausnahme der §§ 74, 75;
   b) der erste Theil mit Ausnahme
      des § 24 des 1. Titels,
      der §§ 29 bis 69, 71 bis 82, 96 bis 117, 125 bis 131, 133, 137 bis 140, 142 bis 144, 146 bis 148, 152, 153, 155, 156, 162 bis 167, 169 bis 174, 185, 186 des 8. Titels,
      der §§ 94 bis 96, 111 bis 120, 126, 128, 129, 139, 140, 152, 153, 155 bis 157, 170 bis 208, 210 bis 219, 223 bis 258, 261 bis 274, 348, 655 bis 659 des 9. Titels sowie der sonstigen Vorschriften des neunten Abschnitts dieses Titels, soweit sie auf Grund der im

Einführungsgesetze zum Bürgerlichen Gesetzbuche gemachten Vorbehalte in Kraft bleiben,

der §§ 4 bis 11, 651, 652, 676, 677, 996 bis 1019, 1021 bis 1023 des 11. Titels,

der §§ 176, 475, 476 des 12. Titels,

der §§ 41 bis 45 des 13. Titels,

der §§ 362 bis 371 des 17. Titels,

der §§ 1 bis 679 des 18. Titels,

der §§ 458 bis 465 des 20. Titels,

der §§ 45, 46 des 21. Titels und

der §§ 55 bis 242 des 22. Titels;

c) aus dem zweiten Theile:

der 1. Titel mit Ausnahme der §§ 34, 35, des Anhangs-§ 65, der §§ 193, 738 bis 740 und des neunten Abschnitts, soweit dieser auf Grund einer nach den Artikeln 57, 58 des Einführungsgesetzes zum Bürgerlichen Gesetzbuch in Kraft bleibenden Vorschrift der Hausverfassung gilt;

der 2. Titel mit Ausnahme der §§ 17, 18, 59, 77, 78, 81 bis 84, 150, 603, 641, 642, 683 bis 685;

der 3. Titel;

die §§ 1 bis 22, 27 bis 47, 227 bis 250 des 4. Titels, soweit sie nicht für Familienfideikommisse gelten;

der 5. Titel;

der 6. Titel, soweit er sich auf die Verfassung rechtsfähiger Vereine bezieht, für Vereine, die nach dem Inkrafttreten des Bürgerlichen Gesetzbuchs Rechtsfähigkeit erlangen;

die §§ 80 bis 85 des 7. Titels;

die §§ 444 bis 455 des 8. Titels;

die §§ 1199 bis 1209 des 11. Titels;

die §§ 1 bis 4, 7 bis 18, 21, 23 bis 29 des 16. Titels;

die §§ 48 bis 52, 54, 56 bis 60 des 17. Titels;

der 18. Titel mit Ausnahme der §§ 344, 810, 996 bis 1002;

die §§ 45 bis 48 des 19. Titels;

die §§ 1271, 1272 des 20. Titels;

2. das Rheinische Bürgerliche Gesetzbuch mit Ausnahme der Artikel 538, 556 bis 563, 640 bis 643, 645, des Artikel 648, soweit er sich auf das Weiderecht innerhalb der Gemeinde bezieht, des Artikel 671, des Artikel 672 Abs. 1 und der Artikel 674 bis 681, 714 und des Artikel 1384, soweit er auf die Haftung des Staates, der Gemeinden und anderer Kommunalverbände für den von ihren Beamten in Ausübung der diesen anvertrauten öffentlichen Gewalt zugefügten Schaden Anwendung findet;

3. die Vorschriften des gemeinen Rechtes über

die Wiedereinsetzung in den vorigen Stand und über die Privatpfändung;

4. die Vorschrift des revidirten Statuts der Stadt Lübeck Buch 2 Titel 2 Artikel 10;

5. die Vorschriften der bisherigen Gesetze über das Schuldverhältniß aus einem mit der Ueberlassung eines Grundstücks verbundenen Leibgedingsvertrag und die Fuldische Verordnung vom Auszug oder der Leibzucht 2c. vom 16. Februar 1773;

6. das Rheinische Gesetz über die Führung der Namen und Vornamen vom 23. August 1794 (6. Fructidor II);

7. die Verordnung wider die Veräußerung unbeweglicher Güter in die todte Hand vom 17. Mai 1799 (Chronologische Sammlung der Verordnungen 2c. für die Herzogthümer Schleswig und Holstein S. 27);

8. das Ausschreiben, die Auf- und Annahme von Testamenten auf den Inseln der Provinz Ostfriesland betreffend, vom 24. November 1817 (Samml. der Hannoverschen Landesverordnungen 2c. des Jahres 1817 II S. 521);

9. das Gesetz wegen Einführung kürzerer Verjährungsfristen vom 31. März 1838 (Gesetz-Samml. S. 249);

10. das Gesetz über Familienschlüsse bei Familien-Fideikommissen, Familienstiftungen und Lehnen vom 15. Februar 1840 (Gesetz-Samml.

S. 20), soweit es sich auf Familienstiftungen bezieht;

11. das Gesetz, betreffend die Familien-Fideikommisse, fideikommissarischen Substitutionen und Familienstiftungen im Herzogthum Schlesien und in der Grafschaft Glatz, vom 15. Februar 1840 (Gesetz-Samml. S. 25), soweit es sich auf Familienstiftungen bezieht;
12. die Verordnung wegen Einführung kürzerer Verjährungsfristen für die Landestheile, in welchen noch gemeines Recht gilt, vom 6. Juli 1845 (Gesetz-Samml. S. 483);
13. das Gesetz über die Erwerbung von Grundeigenthum für Korporationen und andere juristische Personen des Auslandes vom 4. Mai 1846 (Gesetz-Samml. S. 235);
14. das Nassauische Gesetz, betreffend die Abkürzung der Verjährungsfristen für gewisse Arten von Forderungen, vom 5. April 1849 (Nass. Verordnungs-Blatt S. 75);
15. der § 92 des Gesetzes, betreffend die Ablösung der Reallasten und die Regulirung der gutsherrlichen und bäuerlichen Verhältnisse, vom 2. März 1850 (Gesetz-Samml. S. 77);
16. das Hannoversche Gesetz, die Verjährung persönlicher Klagen und die Einführung kurzer Verjährungsfristen für dieselben betreffend, vom 22. September 1850 (Hannov. Gesetz-Samml. Abth. I S. 187);

17. das Großherzoglich Hessische Gesetz, betreffend die Verjährung der persönlichen Klagen in den Provinzen Starkenburg und Oberhessen, vom 19. März 1853 (Großherzogl. Hess. Reg.-Blatt S. 117);
18. das Kurhessische Gesetz wegen Einführung kürzerer Verjährungsfristen bei Klagen aus Schuldverhältnissen vom 14. Juli 1853 (Kurhess. Gesetz-Samml. S. 99);
19. das Landgräflich Hessische Gesetz, die Verjährung der persönlichen Klagen betreffend, vom 15. August 1854 (Reg.-Blatt f. d. ehemal. Landgrafschaft Hessen-Homburg S. 748);
20. das Gesetz, betreffend die Abschätzung der Landgüter zum Behufe der Pflichttheilsberechnung in der Provinz Westfalen, vom 4. Juni 1856 (Gesetz-Samml. S. 550);
21. das Bayerische Gesetz, betreffend die Verjährungsfristen, vom 26. März 1859 (Bayer. Gesetzbl. S. 26);
22. der § 19 des Gesetzes, betreffend die Ablösung der Reallasten in den Hohenzollernschen Landen, vom 28. Mai 1860 (Gesetz-Samml. S. 221);
23. der § 3 des Frankfurter Gesetzes, die Erwerbung von Grundeigenthum und Insätzen durch Nichtverbürgerte betreffend, vom 29. September 1863 (Frankf. Gesetz- und Statuten-Samml. Bd. XVI. S. 55);

24. das Gesetz, betreffend die den gemeinnützigen Aktiengesellschaften bewilligte Sportel- und Stempelfreiheit, vom 2. März 1867 (Gesetz-Samml. S. 385);

25. Das Gesetz wegen Einführung kürzerer Verjährungsfristen für die Provinz Schleswig-Holstein vom 9. Februar 1869 (Gesetz-Samml. S. 341);

26. das Gesetz, betreffend die Genehmigung zu Schenkungen und letztwilligen Zuwendungen, sowie zur Uebertragung von unbeweglichen Gegenständen an Korporationen und andere juristische Personen, vom 23. Februar 1870 (Gesetz-Samml. S. 118);

27. der § 14 des Gesetzes, betreffend die Ablösung der Reallasten im Gebiete des Regierungsbezirks Wiesbaden und in den zum Regierungsbezirk Cassel gehörigen vormals Großherzoglich Hessischen Gebietstheilen, vom 15. Februar 1872 (Gesetz-Samml. S. 165);

28. das Gesetz über den Eigenthumserwerb und die dingliche Belastung der Grundstücke, Bergwerke und selbständigen Gerechtigkeiten, vom 5. Mai 1872 (Gesetz-Samml. S. 433);

29. der § 55 des Gesetzes, betreffend die Ablösung der Reallasten in der Provinz Schleswig-Holstein, vom 3. Januar 1873 (Gesetz-Samml. S. 3);

30. die Vormundschaftsordnung vom 5. Juli 1875 (Gesetz-Samml. S. 431);

31. der § 26 des Gesetzes, betreffend die Ablösung der Reallasten im Gebiete des Regierungsbezirks Cassel ausschließlich der zu demselben gehörigen vormals Großherzoglich Hessischen Gebietstheile, vom 23. Juli 1876 (Gesetz-Samml. S. 357).

Artikel 90.

Dieses Gesetz tritt gleichzeitig mit dem Bürgerlichen Gesetzbuch in Kraft.

Die Vorschriften des Artikel 33 § 2 Abs. 2, § 3 Nr. 1, der Artikel 34, 71, 73, 74 und des Artikel 86 § 2 treten mit der Verkündung in Kraft.

Urkundlich ꝛc.

II.

Ausführungsgesetz

zum

Reichsgesetze vom 17. Mai 1898, betreffend Aenderungen der Civilprozeßordnung.

Vom 22. September 1899.

(Ges.-Samml. Nr. 31 S. 284.)

Wir **Wilhelm**, von Gottes Gnaden König von Preußen ꝛc.

verordnen, unter Zustimmung der beiden Häuser des Landtags Unserer Monarchie, was folgt:

Artikel 1.

Das Ausführungsgesetz zur Deutschen Civilprozeßordnung vom 24. März 1879 (Gesetz-Samml. S. 281) wird dahin geändert:

I. Die §§ 1, 4 bis 7, 11 bis 13, 16 bis 19, 23 bis 26, 29, 31, 32 fallen weg.

II. Der § 3 erhält folgenden Abs. 2:

Das Gleiche gilt in Ansehung der Mitglieder des vormaligen Hannoverschen

Königshauses, des vormaligen Kurhessischen und des vormaligen Herzoglich Nassauischen Fürstenhauses.

III. An die Stelle des § 8 tritt folgende Vorschrift:

Die Entmündigung wegen Verschwendung oder wegen Trunksucht kann auch von dem Armenverbande beantragt werden, dem die Fürsorge für den zu Entmündigenden im Falle seiner Hülfsbedürftigkeit obliegen würde.

IV. An die Stelle der §§ 20 bis 22 treten folgende Vorschriften:

§ 20.

Bezweckt das Aufgebotsverfahren die Kraftloserklärung einer Urkunde der im § 808 des Bürgerlichen Gesetzbuchs bezeichneten Art, so erfolgt die Veröffentlichung des Aufgebots und der im § 1017 Abs. 2, 3 und in den §§ 1019, 1020, 1022 der Civilprozeßordnung vorgeschriebenen Bekanntmachungen, unbeschadet der Vorschriften des § 1009 Abs. 3 und des § 1017 Abs. 2 Satz 2, durch einmalige Einrückung in den öffentlichen Anzeiger des Amtsblatts. Das Gericht kann anordnen, daß die Einrückung noch in andere Blätter und zu mehreren Malen erfolge. Die öffentliche Bekanntmachung des Aufgebots erfolgt außerdem durch Anheftung an die Gerichtstafel.

Die Aufgebotsfrist muß mindestens drei Monate betragen.

Unterbleibt die Bekanntmachung des Aufgebots im Deutschen Reichsanzeiger, so beginnt die Aufgebotsfrist mit der ersten Einrückung in den öffentlichen Anzeiger des Amtsblatts. Diese Einrückung tritt in dem bezeichneten Falle bei Anwendung des § 1014 der Civilprozeßordnung an die Stelle der Einrückung in den Reichsanzeiger.

§ 21.

Bei Aufgeboten, welche auf Grund der §§ 887, 927, 1104, 1112, 1170, 1171, 1269 des Bürgerlichen Gesetzbuchs sowie auf Grund des § 765 des Handelsgesetzbuchs und des § 110 des Gesetzes, betreffend die privatrechtlichen Verhältnisse der Binnenschiffahrt, ergehen, erfolgt die Veröffentlichung des Aufgebots in der im § 20 Abs. 1 bestimmten Art. Die Vorschrift des § 20 Abs. 3 Satz 1 findet Anwendung.

Ordnet das Gericht die öffentliche Bekanntmachung des wesentlichen Inhalts des Ausschlußurtheils an, so erfolgt sie durch einmalige Einrückung in den öffentlichen Anzeiger des Amtsblatts.

§ 22.

Bei Aufgeboten, welche auf Grund des § 1162 des Bürgerlichen Gesetzbuchs oder des § 136 des Reichsgesetzes über die Zwangsversteigerung und die Zwangsverwaltung vom 24. März 1897 ergehen, erfolgt die Veröffentlichung des Aufgebots, des Ausschlußurtheils und des im § 1017 Abs. 3 der Civilprozeßordnung bezeichneten Urtheils in der im § 20 Abs. 1 bestimmten Art.

Die Aufgebotsfrist (§§ 1014, 1015 der Civilprozeßordnung) muß mindestens drei Monate betragen. Die Vorschriften des § 20 Abs. 3 finden Anwendung.

V. Der § 27 erhält folgende Fassung:

Die Vorschriften der Civilprozeßordnung über das Aufgebotsverfahren finden auf Aufgebote, deren Zulässigkeit auf landesgesetzlichen Vorschriften beruht, nur Anwendung, wenn nach den bestehenden Vorschriften der Eintritt von Rechtsnachtheilen durch besonderen Beschluß des Gerichts festgestellt werden muß.

In den im Abs. 1 bezeichneten Aufgebotsfällen kann nach § 972 der Civilprozeßordnung verfahren werden.

Ist in diesen Fällen nach den bestehenden Vorschriften die Mittheilung des Aufgebots an bestimmte Personen erforderlich, so kann die Zustellung durch Aufgabe zur Post (§§ 175, 213 der Civilprozeßordnung) erfolgen; die Postsendungen sind mit der Bezeichnung „Einschreiben" zu versehen.

VI. An die Stelle des § 28 tritt folgende Vorschrift:

Bei Aufgeboten, welche auf Grund des Artikel 29 § 11 des Ausführungsgesetzes zum Bürgerlichen Gesetzbuch ergehen, finden die Vorschriften über das Aufgebotsverfahren im Falle des § 1104 des Bürgerlichen Gesetzbuchs entsprechende Anwendung.

VII. Der § 30 Abs. 1 erhält folgende Fassung:

Auf das Verfahren bei den nach der Gemeinheitstheilungsordnung zu behandelnden Theilungen und Ablösungen in den Landestheilen des linken Rheinufers finden die Vorschriften der Civilprozeßordnung über Zustellungen, über den Umfang der Verpflichtung dritter Personen zur Vorlegung von Urkunden, über die Berechtigung zur Verweigerung eines Zeugnisses, über die Verpflichtung zur Erstattung eines Gutachtens, über die Vernehmung und Beeidigung von Zeugen und Sachverständigen, über die zur Erzwingung eines Zeugnisses oder Gutachtens zulässigen Maßregeln und über das Verfahren bei der Abnahme von Eiden entsprechende Anwendung. Im Uebrigen verbleibt es bei den bestehenden Vorschriften des Gesetzes vom 19. Mai 1851 (Gesetz-Samml. S. 383). Eine Mitwirkung der Staatsanwaltschaft findet nicht statt.

Artikel 2.

Der § 59 der Feldpolizeiordnung vom 1. November 1847 (Gesetz-Samml. S. 376) wird aufgehoben.

Artikel 3.

Der § 32 Abs. 3 der Schiedsmannsordnung vom 29. März 1879 (Gesetz-Samml. S. 321) erhält folgende Fassung:

In den Fällen des § 726 Abs. 1, der §§ 727 bis 729, 738, 742, 744, des § 745 Abs. 2 und des § 749 der Deutschen Civilprozeßordnung ist die vollstreckbare Ausfertigung nur auf Anordnung des Amtsgerichts zu ertheilen, in dessen Bezirke der Schiedsmann seinen Wohnsitz hat.

Artikel 4.

Das Gesetz, betreffend das Verfahren in Auseinandersetzungsangelegenheiten, vom 18. Februar

1880 (Gesetz-Samml. S. 59) wird dahin geändert:

I. Im § 1 Abs. 2 ist hinter den Worten „und des Einführungsgesetzes vom 30. Januar 1877" einzuschalten:

„in der Fassung des Artikel II des Einführungsgesetzes zu dem Reichsgesetze, betreffend Aenderungen der Civilprozeßordnung, vom 17. Mai 1898".

II. Im § 6 ist hinter den Worten: „(Gesetz-Samml. S. 281)" einzuschalten:

„in der Fassung des Artikel 1 Nr. II des Ausführungsgesetzes zum Reichsgesetze vom 17. Mai 1898, betreffend Aenderungen der Civilprozeßordnung".

III. Als § 10a wird folgende Vorschrift eingestellt:

Für die erste und die zweite Instanz kann einer armen Partei zur unentgeltlichen Wahrnehmung ihrer Rechte in den Instruktionsterminen einer der bei der Auseinandersetzungsbehörde beschäftigten Beamten, der nicht als Richter angestellt ist, auf Antrag beigeordnet werden, soweit die Instruktionstermine nicht an dem Wohnort oder regelmäßigen Aufenthaltsorte der Partei stattfinden. Die in Folge dessen erwachsenden baaren Auslagen werden von der Staatskasse bestritten und als Prozeßkosten in Ansatz gebracht.

IV. Der § 19 wird durch folgende Vorschriften ersetzt:

Auf die Verhandlung mit tauben, blinden, stummen oder sonst am Sprechen verhinderten und mit schreibensunfähigen Personen finden die für die Aufnahme gerichtlicher Urkunden gegebenen Vorschriften der §§ 169, 174, des § 177 Abs. 2, 3, des § 178 und, soweit sie sich auf den Gerichtsschreiber und die Zeugen beziehen, der §§ 170 bis 173 des Reichsgesetzes über die Angelegenheiten der freiwilligen Gerichtsbarkeit vom 17. Mai 1898 Anwendung. Das Gleiche gilt von dem Artikel 41 des Preußischen Gesetzes über die freiwillige Gerichtsbarkeit. An die Stelle des Gerichtsschreibers tritt ein vereideter Protokollführer.

V. Der § 21 erhält folgende Fassung:

Zur Bewirkung von Zustellungen können sich die Auseinandersetzungsbehörden und ihre Kommissare an Stelle der Gerichtsdiener auch vereideter Boten und anderer Beamten bedienen.

Die in den §§ 211, 213 der Civilprozeßordnung erwähnten Obliegenheiten des

Gerichtsschreibers können an Stelle des Kommissars durch einen von diesem hierzu bestellten Beamten wahrgenommen werden.

VI. Der § 24 fällt weg.

VII. Im § 54 tritt an die Stelle des Abs. 5 folgende Vorschrift:

Erscheint in dem ersten zur Leistung eines Eides bestimmten Termine der Schwurpflichtige nicht, so darf ein Urtheil erst erlassen werden, wenn innerhalb einer Nothfrist von einer Woche nach dem Termin ein Antrag auf nachträgliche Abnahme des Eides nicht gestellt worden ist.

VIII. Der § 56 Abs. 2 erhält folgende Fassung:

War das Versäumnißurtheil vom Reichsgericht erlassen, so sind die Akten mit dem Einspruche diesem Gerichte zu übersenden.

IX. Der § 65 erhält folgende Fassung:

Ein Versäumnißurtheil ist in der Berufungsinstanz nicht zu erlassen.

X. Der § 76 erhält folgenden Zusatz:

„gegen Entscheidungen in Betreff der Prozeßkosten, unbeschadet der Vorschrift des § 96 Abs. 2 nur, wenn außerdem die Beschwerdesumme den Betrag von einhundert Mark übersteigt“.

XI. Als § 83a werden folgende Vorschriften eingestellt:

Die Bestimmung des § 711 der Civilprozeßordnung findet auf die Urtheile des Oberlandeskulturgerichts entsprechende Anwendung.

Wenn auf Ausführung des Gegenstandes einer Auseinandersetzung erkannt wird, so finden die §§ 710 bis 719 der Civilprozeßordnung keine Anwendung. Für diesen Fall verbleibt es bei der Vorschrift des § 6 der Verordnung vom 22. November 1844.

XII. Im § 84 wird der letzte Absatz gestrichen.

XIII. Im § 88 werden die Worte: „oder handelt es sich um die Vollstreckung eines Urtheils für die Rechtsnachfolger des in demselben bezeichneten Gläubigers oder gegen die Rechtsnachfolger des in demselben bezeichneten Schuldners" ersetzt durch die Worte:

„oder handelt es sich in den Fällen, wo solches zulässig ist, um die Vollstreckung des Urtheils für oder gegen eine andere als die in dem Urtheile bezeichnete Person".

XIV. Im § 96 wird

a) im Abs. 3 hinter den Worten: „neben den §§ 9", eingeschaltet: „9a, 10a",

b) die Verweisung „(§ 43 des Ausführungsgesetzes vom 10. März 1879)" gestrichen,

c) als Abs. 4 folgende Vorschrift hinzugefügt:

Die §§ 5, 6 des Deutschen Gerichtskostengesetzes sowie die §§ 16, 17, 129 des Preußischen Gerichtskostengesetzes finden Anwendung.

XV. Im § 99 wird hinter dem Worte „ist" eingeschaltet:

„, unbeschadet der Vorschrift des § 9a des Deutschen Gerichtskostengesetzes,".

XVI. In dem Gesetze werden die angezogenen Vorschriften der Deutschen Civilprozeßordnung durch folgende Vorschriften der Civilprozeßordnung in der Fassung der Bekanntmachung des Reichskanzlers vom 20. Mai 1898 ersetzt und zwar:

im § 8 Abs. 3 die §§ 97 bis 100 durch die §§ 102, 104 bis 107;

im § 12 Abs. 1 die §§ 133 bis 144 durch die §§ 142 bis 158;

im § 23 Abs. 1 die §§ 165 bis 172 durch die §§ 180 bis 184, 186 bis 189;

im § 35 Abs. 1 die §§ 217 bis 219, 222 durch die §§ 239 bis 242, 245;

im § 88 die §§ 664, 665 durch den § 726

Abs. 1, die §§ 727 bis 729, 738, 742, 744, den § 745 Abs. 2 und den § 749;
im § 89 Abs. 2 die §§ 678, 681, 685, 693, 698, 699, 771 durch die §§ 758, 761, 765, 766, 779, 787, 789, 790, 885.

Artikel 5.

Der § 10 Abs. 2 des Gesetzes, betreffend die Zwangsvollstreckung aus Forderungen landschaftlicher (ritterschaftlicher) Kreditanstalten, vom 3. August 1897 (Gesetz-Samml. S. 388) erhält folgende Fassung:

In den Fällen des § 726 Abs. 1, der §§ 727 bis 729, 738, 742, 744, des § 745 Abs. 2 und des § 749 der Civilprozeßordnung ist die vollstreckbare Ausfertigung nur auf Anordnung des Amtsgerichts zu ertheilen, in dessen Bezirke die Anstalt ihren Sitz hat.

Artikel 6.

Dieses Gesetz tritt gleichzeitig mit dem Bürgerlichen Gesetzbuch in Kraft.

Artikel 7.

Der Justizminister wird ermächtigt, schon vor dem in Artikel 6 bezeichneten Zeitpunkte den Text des Ausführungsgesetzes zur Deutschen Civilprozeßordnung vom 24. März 1879, wie er sich aus den Aenderungen im Artikel 1 ergiebt, unter fortlaufender Nummernfolge der Paragraphen durch die Gesetz-Sammlung bekannt zu machen. Hierbei ist der § 33 des Gesetzes wegzulassen.

Bezüglich des Textes des Gesetzes, betreffend das Verfahren in Auseinandersetzungsangelegenheiten, vom 18. Februar 1880, wie er sich aus den Aenderungen im Artikel 4 ergiebt, wird dem Minister für Landwirthschaft, Domänen und Forsten und dem Justizminister die gleiche Ermächtigung ertheilt. Bei der Bekanntmachung sind diejenigen Worte des Gesetzes, welche sich nur auf die die Stelle von Generalkommissionen einnehmenden Regierungen und auf die Spruchkollegien für die landwirthschaftlichen Angelegenheiten beziehen, sowie die §§ 30, 104 bis 111 des Gesetzes wegzulassen.

In den bekannt zu machenden Texten ist den Verweisungen auf Vorschriften der Civilprozeßordnung das Gesetz in der Fassung des durch den Reichskanzler im Reichs-Gesetzblatte für 1898 S. 410 veröffentlichten Textes, den Verweisungen auf Vorschriften des Preußischen Gerichtskostengesetzes das Gesetz in der Fassung des durch den Justizminister in der Gesetz-Sammlung veröffentlichten Textes zu Grunde zu legen.

Soweit in Gesetzen auf Vorschriften der in den Abs. 1, 2 bezeichneten Gesetze verwiesen ist, treten die entsprechenden Vorschriften der nach den vorstehenden Bestimmungen bekannt gemachten Texte an ihre Stelle.

Artikel 8.

Soweit in Gesetzen und Verordnungen auf Vorschriften der Verordnung, betreffend das Verwaltungszwangsverfahren wegen Beitreibung von Geldbeträgen, vom 7. September 1879 (Gesetz-Samml. S. 591) verwiesen ist, treten die entsprechenden Vorschriften einer dieses Verfahren anderweit regelnden Königlichen Verordnung an ihre Stelle.

Urkundlich rc.

III.

Ausführungsgesetz

zum

Reichsgesetz über die Zwangsversteigerung und die Zwangsverwaltung.

Vom 23. September 1899.

(Ges.=Samml. Nr. 81, S. 291.)

Wir **Wilhelm**, von Gottes Gnaden König von Preußen ꝛc.

verordnen, unter Zustimmung der beiden Häuser des Landtags Unserer Monarchie, was folgt:

Erster Abschnitt.

Zwangsversteigerung und Zwangsverwaltung von Grundstücken im Wege der Zwangsvollstreckung.

Artikel 1.

Oeffentliche Lasten eines Grundstücks im Sinne des § 10 Abs. 1 Nr. 3 und des § 156 Abs. 1 des

Reichsgesetzes über die Zwangsversteigerung und die Zwangsverwaltung vom 24. März 1897 sind:

1. die zur Erfüllung der Deichpflicht erforderlichen Beiträge und Leistungen, ohne Unterschied, ob sie von der zuständigen Staatsbehörde ausgeschrieben sind oder aus der auf einem Deichverbande beruhenden Deichpflicht entspringen;
2. die auf einem nicht privatrechtlichen Titel beruhenden Abgaben und Leistungen, die auf dem Grundstücke nach Gesetz oder Verfassung haften (gemeine Lasten).

Die im Abs. 1 unter Nr. 1 bezeichneten Lasten gehen den unter Nr. 2 bezeichneten im Range vor.

Artikel 2.

Zu den gemeinen Lasten gehören namentlich:

1. Abgaben und Leistungen, die aus dem Kommunal-, Kirchen-, Pfarr- oder Schulverband entspringen oder an Kirchen, Pfarren, Schulen, Kirchen- oder Schulbediente zu entrichten sind;
2. Beiträge, die aus der Verpflichtung zu öffentlichen Wege-, Wasser- oder Uferbauten entstehen;
3. Beiträge, die an öffentliche Meliorationsgenossenschaften oder andere einen gemeinnützigen Zweck verfolgende Körperschaften des

öffentlichen Rechtes, insbesondere an Verbände, welche die Versicherung ihrer Mitglieder gegen den durch Brand, Hagelschlag oder Viehsterben entstehenden Schaden bezwecken, zu entrichten sind;

4. diejenigen Beiträge zur Entschädigung oder zu den Kosten der Schutzanlagen, welche nach Maßgabe des Gesetzes, betreffend Schutzwaldungen und Waldgenossenschaften, vom 6. Juli 1875 (Gesetz-Samml. S. 416) den Eigenthümern gefährdeter oder gefahrbringender Grundstücke auferlegt sind.

Artikel 3.

In Ansehung des Rechtes auf Befriedigung aus dem Grundstücke stehen den öffentlichen Lasten gleich:

1. die an die Rentenbanken oder die Tilgungskassen abgetretenen Renten sowie die an die Staatskasse zu entrichtenden Ablösungsrenten;
2. wenn das Grundstück bei einer Auseinandersetzung betheiligt ist, die im § 7 Nr. 6 des Gesetzes über das Kostenwesen in Auseinandersetzungssachen vom 24. Juni 1875 (Gesetz-Samml. S. 397) bezeichneten Kosten und Terminalvorschüsse auch außerhalb des ursprünglichen Geltungsbereichs des genannten Gesetzes.

Die Renten, Kosten und Vorschüsse haben den Rang zwischen den im Artikel 1 Abs. 1 unter Nr. 1 und den daselbst unter Nr. 2 bezeichneten Lasten.

Artikel 4.

Dem Antrag auf Zwangsversteigerung soll ein das Grundstück betreffender neuester Auszug aus der Grundsteuermutterrolle und der Gebäudesteuerrolle beigefügt werden, soweit er nach Lage der Rollen ertheilt werden kann.

In den Hohenzollernschen Landen tritt an die Stelle des Auszugs aus den Steuerrollen ein Auszug aus dem Besitz- und Steuerhefte des Schuldners.

Artikel 5.

Für die Bekanntmachung der Terminsbestimmung wird der Anzeiger des Amtsblatts bestimmt.

Artikel 6.

Die Rechte an dem Grundstücke, die nach Artikel 22 des Ausführungsgesetzes zum Bürgerlichen Gesetzbuch oder nach sonstigen landesgesetzlichen Vorschriften zur Wirksamkeit gegenüber dem öffentlichen Glauben des Grundbuchs der Eintragung nicht bedürfen, bleiben auch dann bestehen, wenn sie bei der Feststellung des geringsten Gebots nicht berücksichtigt sind.

Das Gleiche gilt, unbeschadet der Vorschrift des § 9 Abs. 2 des Einführungsgesetzes zum Reichsgesetze, von den im Grundbuch als Leibgedinge, Leibzucht, Altentheil oder Auszug eingetragenen Dienstbarkeiten und Reallasten sowie von Grunddienstbarkeiten, die zur Wirksamkeit gegenüber dem öffentlichen Glauben des Grundbuchs der Eintragung nicht bedürfen.

Artikel 7.

Ist das Grundstück vor dem Inkrafttreten des Bürgerlichen Gesetzbuchs einem Miether oder Pächter überlassen, so finden die Vorschriften des § 57 des Reichsgesetzes Anwendung.

Weitergehende Rechte eines Miethers oder Pächters, die sich aus den bisherigen Gesetzen ergeben, bleiben unberührt.

Artikel 8.

In den Fällen der §§ 64, 112 des Reichsgesetzes ist der Werth der Grundstücke auf den vierzigfachen Betrag des staatlich ermittelten Grundsteuerreinertrags und den fünfundzwanzigfachen Betrag des staatlich ermittelten Gebäudesteuernutzungswerths zu bestimmen. Ergeben sich begründete Bedenken gegen die Richtigkeit dieser Bestimmung oder sind die Grundstücke nicht zur Grundsteuer oder zur Gebäudesteuer staatlich veranlagt, so hat das Gericht den Werth nach freiem Ermessen, nöthigenfalls unter Zuziehung eines Sachverständigen, zu bestimmen.

In den Hohenzollernschen Landen ist an Stelle des nach der Grund- und Gebäudesteuer zu berechnenden Werthes der Steueranschlag maßgebend.

Artikel 9.

Für ein Gebot einer Gemeinde oder eines anderen Kommunalverbandes, einer landschaftlichen, ritterschaftlichen, städtischen oder provinzialen Kreditanstalt oder einer öffentlichen Sparkasse kann Sicherheitsleistung nicht verlangt werden.

Artikel 10.

Im bisherigen Geltungsbereiche des Rheinischen Rechtes darf die Sicherheit für ein Gebot auch durch Stellung eines Bürgen nach § 239 des Bürgerlichen Gesetzbuchs geleistet werden.

Wird dem Bieter der Zuschlag ertheilt, so ist in dem Beschlusse der Bürge unter Angabe der Höhe seiner Schuld für mithaftend zu erklären. Soweit zur Ausführung des Theilungsplans die Forderung gegen den Ersteher auf die Berechtigten übertragen wird, ist den Berechtigten nach der Rangordnung ihrer Ansprüche die Forderung gegen den Bürgen mitzuübertragen. Die Forderung ist nach Maßgabe des § 132 des Reichsgesetzes gegen den Bürgen vollstreckbar.

Auf Gebote des Schuldners oder eines neu eingetretenen Eigenthümers finden diese Vorschriften keine Anwendung.

Artikel 11.

Ist in dem Termine zur Vertheilung des Versteigerungserlöses oder eines im Zwangsverwaltungsverfahren erzielten Ueberschusses ein Berechtigter, dem nach dem Theilungsplan ein Betrag zugetheilt ist, nicht erschienen, so erfolgt die Uebersendung des Betrags nach Maßgabe der §§ 25, 26 der Hinterlegungsordnung vom 14. März 1879 (Gesetz-Samml. S. 249) durch die Post; Beträge von nicht mehr als dreihundert Mark können innerhalb des Gebiets des Deutschen Reichs dem Berechtigten auch ohne Antrag übersandt werden. Die nach § 25 Abs. 2 erforderliche Beglaubigung der Unterschrift des Berechtigten ist stempelfrei; geschieht sie durch ein Gericht oder einen Notar, so ist dafür eine Gebühr von drei Mark zu entrichten.

Auf Antrag des Berechtigten ist die Auszahlung durch ein ersuchtes Gericht zu bewirken. Die Kosten und die Gefahr der Uebersendung an das ersuchte Gericht trägt der Berechtigte.

Artikel 12.

Im Falle des § 6 Abs. 2 des Gesetzes, betreffend die Zwangsvollstreckung aus Forderungen landschaftlicher (ritterschaftlicher) Kreditanstalten, vom 3. August 1897 (Gesetz-Samml. S. 388) findet die Vorschrift des § 155 Abs. 1 des Reichsgesetzes auch auf die Ausgaben und Kosten der durch die Kreditanstalt eingeleiteten Zwangsverwaltung Anwendung.

Der Kreditanstalt steht wegen ihrer Ausgaben zur Erhaltung oder nöthigen Verbesserung des Grundstücks ein Recht auf Befriedigung nach § 10 Abs. 1 Nr. 1 des Reichsgesetzes auch insoweit zu, als sie die Ausgaben während der von ihr eingeleiteten Zwangsverwaltung aufgewendet hat. Im Falle der Zwangsversteigerung gilt dies auch dann, wenn die von der Kreditanstalt eingeleitete Zwangsverwaltung bis zum Zuschlage fortdauert.

Die Kreditanstalt ist berechtigt, von den im Abs. 2 bezeichneten Ausgaben seit der Zeit der Aufwendung Zinsen mit dem Range des Anspruchs auf Ersatz der Ausgaben in Ansatz zu bringen.

Artikel 13.

Ist bei der Vertheilung eines im Zwangsverwaltungsverfahren erzielten Ueberschusses ein Anspruch aus einem eingetragenen Rechte zu berücksichtigen, wegen dessen der Berechtigte Befriedigung aus dem Grundstücke lediglich im Wege der Zwangsverwaltung suchen kann, so ist in den Theilungsplan der ganze Betrag des Anspruchs aufzunehmen.

Artikel 14.

In dem Aufgebotsverfahren zum Zwecke der Ausschließung eines unbekannten Berechtigten von der Befriedigung aus einem zugetheilten Betrag erfolgt die öffentliche Bekanntmachung des Aufgebots nach den für die öffentliche Bekanntmachung eines Versteigerungstermins geltenden Vorschriften.

Die Aufgebotsfrist muß mindestens drei Monate betragen.

Zweiter Abschnitt.

Zwangsversteigerung und Zwangsverwaltung von Bergwerkseigenthum, unbeweglichen Bergwerksantheilen und selbständigen Kohlenabbau-Gerechtigkeiten im Wege der Zwangsvollstreckung.

Artikel 15.

Für die Zwangsversteigerung und die Zwangsverwaltung eines Bergwerkseigenthums, eines unbeweglichen Bergwerksantheils oder einer selbständigen Kohlenabbau-Gerechtigkeit in den vormals Sächsischen Landestheilen gelten die besonderen Vorschriften der Artikel 16 bis 21.

Artikel 16.

Zu den Betheiligten gehört in jedem Falle der Repräsentant oder Grubenvorstand.

Artikel 17.

Die Ansprüche der zum Betriebe des Bergbaues angenommenen, in einem Dienst- oder Arbeitsverhältnisse stehenden Personen, insbesondere der

Bergleute und der Betriebsbeamten, auf Lohn und andere Bezüge gewähren wegen der laufenden und der aus dem letzten Jahre rückständigen Beträge ein Recht auf Befriedigung in der zweiten Klasse.

Die Beiträge, die der Werksbesitzer nach § 174, § 175 Abs. 2 oder § 176 Abs. 1 des Allgemeinen Berggesetzes zu den Knappschafts- und Krankenkassen zu leisten hat, gelten als gemeine Lasten im Sinne des Artikel 1 Abs. 1 Nr. 2 dieses Gesetzes.

Artikel 18.

Dem Antrag auf Zwangsversteigerung oder Zwangsverwaltung ist eine oberbergamtlich, gerichtlich oder notariell beglaubigte Abschrift der Verleihungsurkunde des Bergwerkes oder, wenn der Antrag eine Kohlenabbau-Gerechtigkeit betrifft, eine in gleicher Art beglaubigte Abschrift des Aktes beizufügen, durch den die Gerechtigkeit vom Eigenthum an dem Grundstücke getrennt worden ist.

Artikel 19.

Die Beschlagnahme im Zwangsversteigerungsverfahren umfaßt nicht die bereits gewonnenen Mineralien.

Artikel 20.

Ist ein Bergwerkseigenthum oder ein unbeweglicher Bergwerksantheil zu versteigern, so soll die Terminsbestimmung außer dem Grundbuchblatte den Namen des Bergwerkes sowie die Mineralien, auf die das Bergwerkseigenthum verliehen ist, bezeichnen und im Falle der Versteigerung eines Bergwerksantheils auch die Zahl der Kuxe angeben, in welche das Bergwerk getheilt ist.

Außerdem soll die Terminsbestimmung eine Angabe der Feldesgröße, des Kreises, in welchem das Feld liegt, und der dem Werke zunächst gelegenen Stadt enthalten. Diese Vorschrift findet auf Kohlenabbau-Gerechtigkeiten entsprechende Anwendung.

Artikel 21.

Ist der Werth des Gegenstandes des Verfahrens festzustellen, so erfolgt die Feststellung durch das Gericht nach freiem Ermessen, nöthigenfalls unter Zuziehung des zuständigen Revierbeamten.

Dritter Abschnitt.

Zwangsversteigerung und Zwangsverwaltung in besonderen Fällen.

Artikel 22.

Die Vorschriften der §§ 172 bis 184 des Reichsgesetzes gelten mit den Aenderungen, die sich aus dem ersten und zweiten Abschnitte dieses Gesetzes ergeben, auch für Bergwerkseigenthum, unbewegliche Bergwerksantheile und selbständige Gerechtigkeiten.

Artikel 23.

Auf die Zwangsversteigerung eines Bergwerkes oder eines Bergwerksantheils nach den §§ 159, 161, 162, 234, 235g des Allgemeinen Berggesetzes finden die Vorschriften, die für die Zwangsversteigerung im Wege der Zwangsvollstreckung gelten, entsprechende Anwendung, soweit sich nicht aus den Artikeln 24 bis 27 ein Anderes ergiebt.

Artikel 24.

Der Antragsteller hat die Thatsachen, welche sein Recht zur Stellung des Antrags begründen, soweit sie nicht bei dem Gericht offenkundig sind, durch Urkunden glaubhaft zu machen.

Ist der Antrag von einem nach § 159 Abs. 1 des Allgemeinen Berggesetzes Berechtigten gestellt, so sind mit dem Beschlusse, durch den die Zwangsversteigerung angeordnet wird, der Antrag und, wenn der Berechtigte nicht im Grundbuch eingetragen ist, die im Abs. 1 bezeichneten Urkunden dem Bergwerkseigenthümer zuzustellen.

Artikel 25.

Auf Antrag des Bergwerkseigenthümers darf die Zwangsversteigerung nur angeordnet werden, wenn der Antragsteller als Eigenthümer im Grundbuch eingetragen oder wenn er Erbe des eingetragenen Eigenthümers ist.

Artikel 26.

Ist die Zwangsversteigerung eines Bergwerkes auf Antrag des Bergwerkseigenthümers oder die Zwangsversteigerung eines Bergwerksantheils auf Antrag der Gewerkschaft angeordnet oder hat der Bergwerkseigenthümer nach den §§ 161, 162 des Allgemeinen Berggesetzes auf das Bergwerkseigenthum verzichtet, so gilt der Beschluß, durch den das Verfahren angeordnet wird, nicht als Beschlagnahme. Im Sinne der §§ 13, 55 des Reichsgesetzes ist jedoch die Zustellung des Beschlusses an den Antragsteller als Beschlagnahme anzusehen.

Artikel 27.

Die Vorschriften über das geringste Gebot finden keine Anwendung. Das Meistgebot ist in seinem ganzen Betrage durch Zahlung zu berichtigen.

Artikel 28.

Auf den Verkauf eines Grundstücks nach den §§ 40, 58, 60 Theil I Titel 8 des Allgemeinen Landrechts finden die Vorschriften, die für die Zwangsversteigerung im Wege der Zwangsvollstreckung gelten, entsprechende Anwendung, soweit sich nicht aus den Artikeln 29 bis 32 ein Anderes ergiebt.

Artikel 29.

Antragsberechtigt ist die Ortspolizeibehörde.

Der Antrag soll das Grundstück, den Eigenthümer und die Thatsachen bezeichnen, welche das Recht zur Stellung des Antrags begründen. Die Vorschriften des Artikel 24 finden entsprechende Anwendung.

Artikel 30.

Der Anspruch auf Ersatz der im § 43 Theil I Titel 8 des Allgemeinen Landrechts bezeichneten Verwendungen gewährt ein Recht auf Befriedigung aus dem Grundstücke vor allen anderen Ansprüchen.

Artikel 31.

Die Vorschriften über das geringste Gebot finden keine Anwendung.

Das Gericht hat die Uebernahme der Wiederherstellung des Gebäudes von Amtswegen als Versteigerungsbedingung zu bestimmen.

Artikel 32.

Angebote nach den §§ 45 bis 47 Theil I Titel 8 des Allgemeinen Landrechts sind nur zu berücksichtigen, wenn sie im Versteigerungstermine geltend gemacht werden.

Bleibt die Versteigerung ergebnißlos, so ist der Zuschlag nach Maßgabe der §§ 45 bis 48 des bezeichneten Titels zu ertheilen. Die Beschwerde gegen die Entscheidung über den Zuschlag kann auch auf die Verletzung einer dieser Vorschriften gestützt werden.

Vierter Abschnitt.

Schluß- und Uebergangsbestimmungen.

Artikel 33.

Im bisherigen Geltungsbereiche des Gesetzes über das Grundbuchwesen im Bezirke des Apellationsgerichts zu Cassel 2c. vom 29. Mai 1873 (Gesetz-Samml. S. 273) ist eine vor dem 1. Juli 1874 entstandene Hypothek, die nicht in eine Hypothek des Preußischen Rechtes umgewandelt ist, bei der Feststellung des geringsten Gebots und bei der Aufstellung des Theilungsplans nur zu berücksichtigen, wenn sie rechtzeitig angemeldet wird.

Artikel 34.

Die Verfassungen und Satzungen der landschaftlichen (ritterschaftlichen) Kreditanstalten und der provinzial- (kommunal-) ständischen öffentlichen Grundkreditanstalten werden, auch soweit sie den Anstalten weitergehende Befugnisse gewähren, durch die Vorschriften dieses Gesetzes nicht berührt.

Artikel 35.

Ist im Falle der Enteignung eines mit Reallasten, Hypotheken, Grundschulden oder Rentenschulden belasteten Grundstücks die für den Eigenthümer vereinbarte oder durch Beschluß oder Urtheil endgültig festgestellte Entschädigungssumme nach

§ 37 Abs. 1 Nr 3 des Gesetzes über die Enteignung von Grundeigenthum vom 11. Juni 1874 (Gesetz-Samml. S. 221) hinterlegt und sind die Wirkungen der Enteignung eingetreten, so haben die Realberechtigten an dieser Entschädigung, unbeschadet der Vorschriften der §§ 38, 49 des genannten Gesetzes, dieselben Rechte, welche ihnen im Falle des Erlöschens ihres Rechtes durch Zwangsversteigerung an dem Erlöse zustehen.

Der Eigenthümer und jeder der im Abs. 1 bezeichneten Realberechtigten kann die Eröffnung eines gerichtlichen Vertheilungsverfahrens beantragen. Für das Verfahren gelten die Vorschriften der Artikel 36 bis 41.

Artikel 36.

Das Vertheilungsverfahren ist auf Antrag des Eigenthümers aufzuheben, wenn dieser bis zum Schlusse des ersten Termins nachweist, daß er nach § 38 des Enteignungsgesetzes über die Entschädigungssumme verfügen kann.

Artikel 37

Nimmt der Eigenthümer die Vermittelung der Auseinandersetzungsbehörde wegen Auszahlung oder Verwendung der Entschädigungssumme in Anspruch, so hat die Auseinandersetzungsbehörde von der Einleitung des Vermittelungsverfahrens und nach dessen Beendigung von der Art der Erledigung dem für das Vertheilungsverfahren zuständigen Gerichte Mittheilung zu machen.

Solange diesen Mittheilungen zufolge ein Vermittelungsverfahren bei der Auseinandersetzungsbehörde anhängig ist, hat das Gericht Anträge auf Eröffnung des Vertheilungsverfahrens abzulehnen.

Artikel 38.

Erlangt das Gericht in einem anhängigen Vertheilungsverfahren vor dem Schlusse des ersten Termins von der Einleitung eines Vermittelungsverfahrens Kenntniß, so ist das Vertheilungsverfahren bis zur Erledigung dieses Verfahrens einstweilen einzustellen.

Das Gleiche gilt, wenn der Eigenthümer vor dem Schlusse des ersten Termins die Bestimmung einer Frist nachsucht und vor dem Ablaufe der Frist die Einleitung des Vermittelungsverfahrens zur Kenntniß des Gerichts gelangt.

Endigt das Vermittelungsverfahren mit der vollständigen Freigabe oder Vertheilung der Entschädigungssumme, so ist das Vertheilungsverfahren aufzuheben.

Artikel 39.

Erlangt das Gericht erst nach dem Schlusse des ersten Termins oder nach dem Ablaufe der im Artikel 38 Abs. 2 bezeichneten Frist von der Einleitung des Vermittelungsverfahrens Kenntniß, so ist hiervon der Auseinandersetzungsbehörde Mittheilung zu machen; diese hat das bei ihr anhängige Verfahren aufzuheben.

Artikel 40.

In den Fällen des Artikel 36, des Artikel 37 Abs. 2 und des Artikel 38 Abs. 3 werden Gerichtskosten nicht erhoben.

Artikel 41.

Auf das Vertheilungsverfahren finden die für die Vertheilung des Erlöses im Falle der Zwangsversteigerung geltenden Vorschriften des Reichsgesetzes mit folgenden Maßgaben entsprechende Anwendung:

1. Als Betheiligte gelten der Eigenthümer, diejenigen, für welche zur Zeit des Ueberganges des Eigenthums auf den Unternehmer ein Recht der im Artikel 35 bezeichneten Art im Grundbuch eingetragen oder durch Eintragung gesichert ist, sowie diejenigen, welche ein solches Recht bei der Enteignungsbehörde angemeldet haben oder bei dem Vertheilungsgericht anmelden und auf Verlangen des Gerichts oder eines Betheiligten glaubhaft machen.
2. Die Zustellung des Beschlusses, durch den das Vertheilungsverfahren eröffnet wird, an den Antragsteller ist im Sinne des § 13 des Reichsgesetzes als Beschlagnahme anzusehen.

3. Das Vertheilungsgericht hat bei der Eröffnung des Verfahrens das Grundbuchamt um die im § 19 Abs. 2 des Reichsgesetzes bezeichneten Mittheilungen zu ersuchen. In die beglaubigte Abschrift des Grundbuchblatts sind die zur Zeit des Ueberganges des Eigenthums auf den Unternehmer vorhandenen Eintragungen sowie die später eingetragenen Veränderungen und Löschungen aufzunehmen.

Im Falle der Enteignung eines Grundstückstheils kann, wenn die Zwangsversteigerung des Hauptgrundstücks angeordnet ist, das Vertheilungsverfahren mit dem bei der Zwangsversteigerung stattfindenden Vertheilungsverfahren verbunden werden.

Artikel 42.

Ein vor dem Inkrafttreten dieses Gesetzes beantragtes Verfahren ist, auch wenn es der Vorschrift des § 15 des Einführungsgesetzes zum Reichsgesetze nicht unterliegt, nach den bisherigen Vorschriften zu erledigen.

Artikel 43.

In einem vor dem Inkrafttreten dieses Gesetzes beantragten Zwangsverwaltungsverfahren bestimmen sich die Rechte und die Pflichten des Verwalters von der bezeichneten Zeit an nach den Vorschriften des Reichsgesetzes.

Von derselben Zeit an sind die Vorschriften des

Reichsgesetzes auch für die Vertheilung der Nutzungen maßgebend. Eine über die Vertheilung vorher getroffene Bestimmung bleibt, unbeschadet der Vorschriften des § 159 des Reichsgesetzes, in Kraft. Auch behält ein Anspruch seinen bisherigen besseren Rang, wenn für ihn vor dem bezeichneten Zeitpunkt eine Beschlagnahme erfolgt war.

Artikel 44.

Das Gesetz, betreffend die Gerichtskosten bei Zwangsversteigerungen und Zwangsverwaltungen von Gegenständen des unbeweglichen Vermögens, vom 18. Juli 1883 (Gesetz-Samml. S. 189) wird dahin geändert:

I. In den §§ 3, 6 und 9 ist statt des Wortes „Urtheil" das Wort „Beschluß" zu setzen. Im § 5 werden die Worte „durch das Urtheil" gestrichen.

II. An die Stelle des § 1 treten folgende Vorschriften:

Zwei Zehntheile der im § 8 des Deutschen Gerichtskostengesetzes bestimmten Gebühr werden erhoben für die Entscheidung, einschließlich des vorangegangenen Verfahrens, über Anträge auf Anordnung der Zwangsversteigerung, der Zwangsverwaltung oder der Zwangsliquidation. Ist ein Gläubiger der Antragsteller, so werden die Gebühren nach dem Betrage der einzuziehenden Forderungen nebst den miteinzuziehenden Zinsen berechnet; im Uebrigen werden die Gebühren nach der Hälfte des Werthes des Gegenstandes der Zwangsversteigerung, der Zwangsverwaltung oder der Zwangsliquidation berechnet. Bei Gegenständen, welche der Grundsteuer oder der Gebäudesteuer unterliegen, ist der Werth auf den vierzigfachen Betrag des staatlich ermittelten Grundsteuerreinertrags und den fünfundzwanzigfachen Betrag des staatlich ermittelten Gebäudesteuernutzungswerths zu bestimmen. In den Hohenzollernschen Landen ist an Stelle des nach der Grund- und Gebäudesteuer zu berechnenden Werthes der Steueranschlag maßgebend.

Wird der Antrag zurückgenommen, ehe eine gebührenpflichtige Entscheidung ergangen ist, so wird ein Zehntheil der im Abs. 1 bestimmten Gebühr erhoben. Im Falle einer theilweisen Zurücknahme wird diese Gebühr nur insoweit erhoben, als die im Abs. 1 bestimmte Gebühr sich erhöht haben würde, wenn die Entscheidung auf den zurückgenommenen Theil erstreckt worden wäre.

III. Im § 2 werden die Worte „Interessenten", „Kaufbedingungen" ersetzt durch die Worte „Betheiligten", „Versteigerungsbedingungen".

Als letzter Absatz werden folgende Vorschriften hinzugefügt:

Findet nach § 144 des Gesetzes über die Zwangsversteigerung und die Zwangsverwaltung ein Vertheilungsverfahren nicht statt oder wird nach § 143 desselben Gesetzes ein Vertheilungsverfahren nach der Zustellung der Bestimmung des Vertheilungstermins, aber vor dem Beginne des Vertheilungstermins eingestellt, so werden zwei Zehntheile der im § 8 des Deutschen Gerichtskostengesetzes bestimmten Gebühr erhoben. Ist diese Gebühr und die Gebühr der Nr. 4 von verschiedenen Theilen des Erlöses zu berechnen, so darf der Gesammtbetrag die nach Nr. 4 von dem Gesammterlöse zu berechnende Gebühr nicht überschreiten.

IV. Im § 3 erhält der Absatz 3 folgende Fassung:

Im Falle der Zwangsversteigerung zum Zwecke der Aufhebung einer Gemeinschaft findet bei der Berechnung der Gebühren, Stempel und Abgaben die Vorschrift im Abs. 3 der Tarifstelle 32 des

Stempelsteuergesetzes vom 31. Juli 1895 (Gesetz-Samml. S. 413) Anwendung.

V. Im § 4 erhält der Abs. 3 folgende Fassung:

Auf die Berechnung des Werthes finden die Vorschriften des § 1 Abs. 1 Satz 3, 4 Anwendung.

Der Abs. 4 erhält folgende Fassung:

Sind nach § 65 des Gesetzes über die Zwangsversteigerung und die Zwangsverwaltung Gegenstände besonders versteigert oder anderweit verwerthet worden, so tritt für die Berechnung der Gebühren für das Vertheilungsverfahren ihr Erlös dem Gebote hinzu.

Der Abs. 5 wird gestrichen.

VI. Der § 6 Abs. 1 erhält folgende Fassung:

Die im § 2 bestimmten Gebühren werden, wenn der Zuschlag ertheilt ist und ein Vertheilungstermin stattfindet, nicht vor diesem Termin erhoben.

VII. Im § 7 Abs. 2 Satz 1 werden die Worte: „und der im § 148 Abs. 2 des Gesetzes, betreffend die Zwangsvollstreckung in das unbewegliche Vermögen, bezeichneten laufenden Leistungen" ersetzt durch die Worte: „und der laufenden Beträge der öffentlichen Lasten".

Der Abs. 3 wird gestrichen.

VIII. Im § 10 werden die Worte „Grundbuch- oder Hypothekenrichters" ersetzt durch das Wort „Grundbuchamts". An die Stelle der Worte: „Eintragung rückständigen Kaufgeldes" treten die Worte: „Eintragung der Sicherungshypothek oder des Pfandrechts für die Forderung gegen den Ersteher".

IX. An die Stelle des § 11 Abs. 1, 2 treten folgende Vorschriften:

Zur Zahlung der im § 1 bestimmten Gebühren ist der Antragsteller, zur Zahlung der im § 3 bestimmten Gebühren, Stempel und Abgaben ist der Ersteher verpflichtet. Für die nach den §§ 2, 7 zu erhebenden Gebühren haftet der Antragsteller, sofern sie nicht aus einer baar vorhandenen Theilungsmasse entnommen werden können.

Artikel 45.

Die §§ 117 bis 121a und der § 122 Abs. 1 des Preußischen Gerichtskostengesetzes vom 25. Juni 1895 (Gesetz-Samml. S. 203) fallen weg. Im § 122 Abs. 2 werden die Worte „oder Genehmigung" gestrichen und die Worte „der Zwangsvollstreckung in das unbewegliche Vermögen" durch die Worte „der Zwangsversteigerung, der Zwangsverwaltung oder der Zwangsliquidation" ersetzt. Der § 114 Abs. 1 erhält folgende Fassung:

Die Vorschriften der §§ 8, 10, 13, 16, 17, 30, 31, 110 finden auch in den Angelegenheiten der streitigen Gerichtsbarkeit Anwendung. In dem Verfahren der Zwangsversteigerung oder der Zwangsverwaltung von Gegenständen des unbeweglichen Vermögens sowie der Zwangsliquidation einer Bahneinheit finden alle Vorschriften des ersten und zehnten Abschnitts des ersten Theiles Anwendung.

Artikel 46.

Der Justizminister wird ermächtigt, bei der Bekanntmachung des neuen Textes des Preußischen Gerichtskostengesetzes die §§ 1 bis 11 des Gesetzes vom 18. Juli 1883 und die §§ 121b, 122 des Preußischen Gerichtskostengesetzes in den zweiten Theil des letzteren Gesetzes als zweiten Abschnitt unter der Ueberschrift „Zwangsversteigerung und Zwangsverwaltung von Gegenständen des unbeweglichen Vermögens. Zwangsliquidation einer Bahneinheit." aufzunehmen. Hierbei sind die §§ 121b, 122 des Preußischen Gerichtskostengesetzes hinter den §§ 1 bis 8, 10, 11 des Gesetzes vom 18. Juli 1883 und der § 9 des letzteren Gesetzes am Schlusse des Abschnitts einzustellen. Die §§ 114 bis 116, 122a, 123 des Preußischen Gerichtskostengesetzes erhalten als erster Abschnitt des zweiten Theiles die Ueberschrift: „Allgemeine Bestimmungen".

Artikel 47.

Soweit in Gesetzen auf Vorschriften verwiesen ist, welche durch dieses Gesetz außer Kraft gesetzt werden, treten an deren Stelle die entsprechenden neuen Vorschriften.

Artikel 48.

Dieses Gesetz tritt gleichzeitig mit dem Reichsgesetz in Kraft.

Die Vorschriften des Artikel 46 treten mit der Verkündung in Kraft.

Urkundlich 2c.

IV.

Ausführungsgesetz
zur
Grundbuchordnung.

Vom 26. September 1899.

(Ges.-Samml. Nr. 81, S. 307.)

Wir **Wilhelm**, von Gottes Gnaden König von Preußen ꝛc.

verordnen, unter Zustimmung der beiden Häuser des Landtags Unserer Monarchie, was folgt:

Artikel 1.

Die Amtsgerichte sind die Grundbuchämter für die in ihrem Bezirke belegenen Grundstücke.

Artikel 2.

Liegt ein Grundstück in den Bezirken mehrerer Grundbuchämter oder sollen mehrere in den Bezirken verschiedener Grundbuchämter belegene Grundstücke zu einem Grundstücke vereinigt werden, so ist das zuständige Grundbuchamt nach § 20 des Ausführungsgesetzes zum Gerichtsverfassungsgesetze zu bestimmen.

Artikel 3.

Soll ein Grundstück einem in dem Bezirk eines anderen Grundbuchamts belegenen Grundstück als Bestandtheil zugeschrieben werden, so ist für die Entscheidung über den Antrag auf Zuschreibung und, wenn dem Antrage stattgegeben wird, für die Führung des Grundbuchs über das ganze Grundstück das andere Grundbuchamt zuständig.

Artikel 4.

Für die Entgegennahme eines auf eine Eintragung gerichteten Antrags oder Ersuchens und die Beurkundung des Zeitpunkts, in welchem der Antrag oder das Ersuchen bei dem Grundbuchamt eingeht, sind nur die mit der Führung des Grundbuchs über das betreffende Grundstück beauftragten Beamten, und zwar sowohl der Richter als auch der Gerichtsschreiber, zuständig.

Bezieht sich der Antrag oder das Ersuchen auf mehrere Grundstücke, in Ansehung deren die Führung des Grundbuchs verschiedenen Grundbuchbeamten obliegt, so ist jeder dieser Beamten zuständig.

Artikel 5.

Wird eine Erklärung, welche der im § 29 der Grundbuchordnung vorgeschriebenen Form bedarf, vor dem Grundbuchamt abgegeben, so ist das Protokoll von dem Richter aufzunehmen.

Artikel 6.

Die Eintragungen sollen von dem Richter mit Angabe des Wortlauts verfügt, von dem Gerichtsschreiber ausgeführt und von beiden unterschrieben werden.

Artikel 7.

Die Hypotheken-, Grundschuld- und Rentenschuldbriefe sowie die nachträglich auf sie gesetzten Vermerke sind von dem Richter und dem Gerichtsschreiber zu unterschreiben.

Auch die beglaubigten Abschriften aus dem Grundbuche sind von dem Richter und dem Gerichtsschreiber zu unterschreiben.

Artikel 8.

Verletzt ein Grundbuchbeamter vorsätzlich oder aus grober Fahrlässigkeit die ihm obliegende Amtspflicht, so trifft ihn dem Staate gegenüber die im § 839 des Bürgerlichen Gesetzbuchs bestimmte Verantwortlichkeit. Die im § 852 Abs. 1 des Bürgerlichen Gesetzbuchs vorgesehene dreijährige Verjährung beginnt mit dem Zeitpunkt, in welchem die Ersatzpflicht des Staates von diesem dem Verletzten gegenüber anerkannt oder dem Staate gegenüber rechtskräftig festgestellt ist.

Artikel 9.

Erklärungen oder Ersuchen einer Behörde, auf Grund deren eine Eintragung erfolgen soll, sind ordnungsmäßig zu unterschreiben und mit Siegel oder Stempel zu versehen.

Artikel 10.

Soll bei einem zum Nachlaß oder zu dem Gesammtgut einer ehelichen Gütergemeinschaft oder einer fortgesetzten Gütergemeinschaft gehörenden Grundstück oder Erbbaurecht einer von den Betheiligten als Eigenthümer oder Erbbauberechtigter eingetragen werden, so finden die Vorschriften der §§ 37, 38 der Grundbuchordnung entsprechende Anwendung.

Die Vorschriften über die Zuständigkeit zur Beurkundung der Auflassung bleiben unberührt.

Artikel 11.

Die öffentlichen Lasten des Grundstücks, die bei der Zwangsversteigerung und der Zwangsverwaltung den Rechten an dem Grundstück im Range vorgehen, sind von der Eintragung in das Grundbuch ausgeschlossen.

Unberührt bleiben die Vorschriften des § 17 Abs. 4 und des § 39 des Gesetzes, betreffend Schutzwaldungen und Waldgenossenschaften, vom 6. Juli 1875 (Gesetz-Samml. S. 416).

Artikel 12.

Die Rentenbankrenten und die Domänen-Amortisationsrenten werden im Geltungsbereiche des Gesetzes über die Errichtung von Rentenbanken vom 2. März 1850 (Gesetz-Samml. S. 112) nach dessen Vorschriften eingetragen. Diese Vorschriften treten statt der entgegenstehenden bisherigen Bestimmungen auch für die Provinz Hannover in Kraft. Die Vorschriften des § 6 Nr. 6 des Gesetzes, betreffend die Beförderung der Errichtung von Rentengütern, vom 7. Juli 1891 (Gesetz-Samml. S. 279) und des § 23 Abs. 3 Nr. 3 des Gesetzes, betreffend das Anerbenrecht bei Renten- und Ansiedelungsgütern, vom 8. Juni 1896 (Gesetz-Samml. S. 124) bleiben unberührt.

Im Uebrigen ist der Inhalt der von den Auseinandersetzungsbehörden bestätigten Rezesse nur in folgenden Fällen in das Grundbuch einzutragen:

1. wenn ein im Grundbuche vermerktes Sach- oder Rechtsverhältniß aufgehoben oder verändert wird;
2. wenn für ein mit dem Eigenthum an dem Grundstücke verbundenes Recht eine Entschädigung durch ein baar oder in Rentenbriefen zu zahlendes Kapital von mehr als sechszig Mark gewährt wird;
3. wenn das Grundstück mit einem Rechte, das zu seiner Begründung der Eintragung in das Grundbuch bedarf, neu belastet wird.

Artikel 13.

Sind auf Ersuchen der Auseinandersetzungsbehörde über die Vorschriften des Artikel 12 hinausgehende Eintragungen erfolgt, so kann die Auseinandersetzungsbehörde das Grundbuchamt um die Löschung ersuchen: auf Antrag des Eigenthümers hat sie die Löschung herbeizuführen. Die Löschung erfolgt kostenfrei.

Artikel 14.

Die Auseinandersetzungsbehörden sind in einem vor ihnen anhängigen Verfahren befugt, das Grundbuchamt um die Berichtigung des Grundbuchs durch Eintragung eines Eigenthümers zu ersuchen und den Eigenthümer zur Beibringung der nach ihrem Ermessen zum Nachweise des Eigenthums erforderlichen Urkunden durch Ordnungsstrafen anzuhalten. Die einzelne Strafe darf den Betrag von dreihundert Mark nicht übersteigen.

Artikel 15.

Lehns-, Meier-, Erbzins- und Erbleihegüter sowie sonstige Güter, an denen ein Obereigenthum besteht, Erbpacht- und Familienfideikommißgüter sowie die nach dem Großherzoglich Hessischen Gesetze vom 11. September 1858 (Reg.-Bl. S. 537) errichteten landwirthschaftlichen Erbgüter sind auf den Namen des jeweilig zu Besitz und Nutzung Berechtigten einzutragen. Die Eigenschaft des Gutes ist als Verfügungsbeschränkung einzutragen.

Gehört zu dem Verband eines Gutes der bezeichneten Art eine Hypothek, Grundschuld oder Rentenschuld, so finden die Vorschriften des Abs. 1 entsprechende Anwendung; gehört das Recht zu einem Familienfideikommisse, so findet außer den Vorschriften des Abs. 1 auch die Vorschrift des § 41 Abs. 1 der Grundbuchordnung entsprechende Anwendung.

Artikel 16.

Bei Familienfideikommissen, die unter Aufsicht einer Fideikommißbehörde stehen, erfolgt die Eintragung der Fideikommißeigenschaft auf Ersuchen dieser Behörde, die Eintragung des Fideikommißfolgers auf Grund einer Bescheinigung der Behörde über seine Berechtigung, die Löschung der Fideikommißeigenschaft auf Grund einer Bescheinigung der Behörde über das Erlöschen oder auf Grund eines von der Behörde bestätigten Familienschlusses über die Aufhebung der Eigenschaft.

Auf die Bescheinigung über die Berechtigung des Fideikommißfolgers finden die für den Erbschein geltenden Vorschriften entsprechende Anwendung.

Artikel 17.

Fideikommißbehörde im Sinne des Artikel 16 ist die Behörde, welche gesetzlich als solche bestellt oder welcher das Fideikommiß stiftungsmäßig zur Beaufsichtigung unterstellt ist.

Ein Fideikommiß kann fortan stiftungsmäßig nur dem Oberlandesgerichte zur Beaufsichtigung unterstellt werden. Die Bestimmung bedarf der Genehmigung des Justizministers, sofern nicht die Verfügung, durch die sie getroffen wird, der landesherrlichen Genehmigung unterliegt.

Artikel 18.

In Ermangelung einer Fideikommißbehörde erfolgt die Eintragung sowie die Löschung der Fideikommißeigenschaft auf Grund des Nachweises ihrer Entstehung oder Endigung, die Eintragung des Fideikommißfolgers auf Grund der Bescheinigung des Gerichts über die Berechtigung des Fideikommißfolgers.

Auf die Bescheinigung finden die für den Erbschein geltenden Vorschriften entsprechende Anwendung. Zuständig für die Ertheilung ist das Amtsgericht, bei welchem das Grundbuch über den Gegenstand des Fideikommisses geführt wird. Umfaßt das Fideikommiß Gegenstände, über die das Grundbuch von verschiedenen Amtsgerichten geführt wird, so ist das örtlich zuständige Gericht nach § 20 des Ausführungsgesetzes zum Gerichtsverfassungsgesetze zu bestimmen.

Artikel 19.

Auf die Eintragung eines Lehnsfolgers und die Löschung der Lehnseigenschaft finden die Vorschriften des Artikel 16, auf die Eintragung sowie die Löschung der Stammgutseigenschaft und die Eintragung des Stammgutsnachfolgers finden die Vorschriften des Artikel 18 entsprechende Anwendung.

Bei Erbstammgütern nach Bremischem Ritterrechte kann die Eintragung sowie die Löschung auch auf Antrag des Präsidiums der Bremischen Ritterschaft (§ 7 des revidirten Ritterrechts vom 19. April 1847) erfolgen.

Artikel 20.

Im Falle der Veräußerung eines Theiles eines Grundstücks, das im Lehns-, Fideikommiß-, Erbstammguts-, Stammguts- oder Leiheverbande steht oder mit Reallasten, Hypotheken, Grundschulden oder Rentenschulden belastet ist, kann der Theil auf Grund eines Unschädlichkeitszeugnisses der zuständigen Behörde frei von allen oder einzelnen Belastungen des Hauptgrundstücks von diesem ohne die Bewilligung der Berechtigten unter folgenden Voraussetzungen abgeschrieben werden:

1. Wird der Grundstückstheil gegen Auferlegung einer Rente veräußert, so kann die Abschreibung nur erfolgen, wenn gleichzeitig die Rente auf dem Grundstückstheile mit dem Vorrange vor sonstigen Belastungen als Reallast zu Gunsten des jeweiligen Eigenthümers des Hauptgrundstücks eingetragen und auf dem Blatte des Hauptgrundstücks vermerkt

wird. Zu den Belastungen, denen die Rente vorzugehen hat, gehören nicht die auf Grund des Gesetzes, betreffend die Beförderung der Errichtung von Rentengütern, vom 7. Juni 1891 (Gesetz-Samml. S. 279) festgestellten Rentenbankrenten.

2. Wird der Grundstückstheil gegen ein anderes Grundstück vertauscht, so kann die Abschreibung nur erfolgen, wenn gleichzeitig das eingetauschte Grundstück dem Hauptgrundstück als Bestandtheil zugeschrieben wird; ist ein Ausgleichungskapital festgestellt, so finden auf dieses die unter Nr. 3 für ein vereinbartes Kaufgeld gegebenen Vorschriften Anwendung.

3. Ist der Grundstückstheil verkauft, so kann die Abschreibung nur erfolgen:

a) wenn gleichzeitig auf dem Grundstückstheil eine Hypothek für die Kaufgeldforderung zur ersten Stelle und die Zugehörigkeit dieser Forderung zu dem Verbande, dem das Hauptgrundstück angehört, oder ein Pfandrecht an der Forderung für diejenigen Reallastberechtigten, Hypotheken-, Grundschuld- oder Rentenschuldgläubiger eingetragen wird, deren Bewilligung durch das Unschädlichkeitszeugniß ersetzt wird;

b) wenn die Auseinandersetzungsbehörde bescheinigt, daß das Kaufgeld zu ihrer Verfügung hinterlegt oder sichergestellt oder daß die Verwendung des Kaufgeldes erfolgt oder nicht erforderlich ist.

4. Wird der Grundstückstheil zu öffentlichen Zwecken unentgeltlich veräußert, so kann die Abschreibung nur erfolgen, wenn die Auseinandersetzungsbehörde bescheinigt, daß mit der Ausführung der öffentlichen Anlage begonnen ist.

Auf eine Eintragung, die auf Grund des Unschädlichkeitszeugnisses bei einer Hypothek, einer Grundschuld oder einer Rentenschuld zu bewirken ist, finden die Vorschriften der §§ 42 bis 44 der Grundbuchordnung keine Anwendung. Wird der Hypotheken-, Grundschuld- oder Rentenschuldbrief nachträglich vorgelegt, so hat das Grundbuchamt die Eintragung auf dem Briefe zu vermerken.

Artikel 21.

Die satzungsmäßigen Vorschriften, welche für die zur Zeit des Inkrafttretens des Bürgerlichen Gesetzbuchs bestehenden landschaftlichen oder ritterschaftlichen Kreditanstalten über die Aufnahme, Eintragung oder Löschung der Pfandbriefdarlehen sowie über die Umschreibung eingetragener Forderungen in Pfandbriefdarlehen und die Umwandlung der Pfandbriefe ergangen sind, bleiben in Kraft.

Als landschaftliche Kreditanstalten im Sinne des

Abs. 1 gelten auch die provinzial-(kommunal-) ständischen öffentlichen Grundkreditanstalten.

Artikel 22.

Die sich auf Grundstücke beziehenden Vorschriften der Grundbuchordnung und dieses Gesetzes finden, soweit nicht ein Anderes bestimmt ist, auf Bergwerke, selbständige Kohlenabbau-Gerechtigkeiten und andere selbständige Gerechtigkeiten entsprechende Anwendung.

Artikel 23.

Ist das Bergwerkseigenthum durch Verleihung begründet oder durch Konsolidation, Theilung von Grubenfeldern oder Austausch von Feldestheilen erworben, so hat das Oberbergamt das Grundbuchamt unter Mittheilung einer beglaubigten Abschrift der Verleihungsurkunde oder einer Ausfertigung des bestätigten Konsolidations-, Theilungs- oder Austauschakts um die Bewirkung der erforderlichen Eintragungen zu ersuchen.

Artikel 24.

Wird die Verleihungsurkunde geändert, so hat das Oberbergamt das Grundbuchamt unter Mittheilung der Urkunde über die Aenderung um die Eintragung der Aenderung zu ersuchen.

Artikel 25.

Wird das Bergwerkseigenthum oder die Verleihungsurkunde aufgehoben, so hat das Oberbergamt das Grundbuchamt unter Mittheilung einer Ausfertigung des Aufhebungsbeschlusses um die Schließung des über das Bergwerk geführten Grundbuchblatts zu ersuchen.

Bei der Schließung sind die eingetragenen Belastungen von Amtswegen zu löschen.

Grundstücke, die dem Bergwerk als Bestandtheil zugeschrieben sind, werden mit den darauf haftenden Belastungen in das über die Grundstücke ihres Bezirkes geführte Grundbuch eingetragen.

Artikel 26.

Soweit in den Fällen der Artikel 23 bis 25 Hypotheken, Grundschulden oder Rentenschulden von den Eintragungen betroffen werden, finden die Vorschriften der §§ 42 bis 44 der Grundbuchordnung keine Anwendung. Das Grundbuchamt hat den Besitzer des Hypotheken-, Grundschuld- oder Rentenschuldbriefs zur Vorlegung anzuhalten, um nach den Vorschriften des § 62 Abs. 1, des § 69 und des § 70 Abs. 1 der Grundbuchordnung zu verfahren.

Artikel 27.

Auf die Anlegung eines Grundbuchblatts für eine selbständige Kohlenabbau-Gerechtigkeit finden die für das Erbbaurecht geltenden Vorschriften des § 7 der Grundbuchordnung entsprechende Anwendung.

Für andere selbständige Gerechtigkeiten wird ein Grundbuchblatt nur auf Antrag des Berechtigten angelegt, soweit sich nicht aus den für die Anlegung der Grundbücher geltenden Vorschriften ein Anderes ergiebt.

Artikel 28.

Die für das Erbbaurecht geltenden Vorschriften des § 20 und des § 22 Abs. 2 der Grundbuchordnung finden auf das Bergwerkseigenthum, auf unbewegliche Bergwerksantheile und selbständige Gerechtigkeiten entsprechende Anwendung.

Artikel 29.

Landesgesetzliche Vorschriften über die Einrichtung der Grundbücher, die neben der Grundbuchordnung in Kraft bleiben, können durch Anordnung des Justizministers geändert werden.

Artikel 30.

Das Preußische Gerichtskostengesetz vom 25. Juni 1895 (Gesetz-Samml. S. 203) wird dahin geändert:

I. Der § 65 Nr. 4 und die §§ 69 bis 72 werden, unbeschadet der weiteren Anwendung bis zur Anlegung des Grundbuchs, gestrichen.

Soweit in dem Gesetze neben dem Grundbuchblatte der Artikel erwähnt ist, ist diese Erwähnung zu streichen.

II. In der Ueberschrift des dritten Abschnitts des ersten Theiles, im § 16, im § 21 Nr. 3 und im § 56 ist statt „Grundbuch- und Hypothekensachen“, „Grund- oder Hypothekenbuche“ zu setzen „Grundbuchsachen“, „Grundbuche“.

Im § 21 Nr. 3 und im § 36 wird das Wort „Vorrechtseinräumungen“ ersetzt durch das Wort „Vorrangseinräumungen“.

III. Im § 57 Nr. 3 treten an die Stelle der Worte „Im Falle des § 59 der Grundbuchordnung“ die Worte „Wenn nach § 90 der Grundbuchordnung ein Eigenthumserwerb unter Ausscheiden des Grundstücks aus dem Grundbuche stattfindet“.

IV. Im § 58 treten an die Stelle der Worte „jede endgültige Eintragung in der zweiten oder dritten Abtheilung“ die Worte „jede Eintragung der Belastung des Grundstücks mit einem Rechte“.

Als Satz 2 wird folgende Vorschrift hinzugefügt:

Als Belastungen des Grundstücks gelten auch das Recht des Nacherben, die Lehns- oder Fideikommißeigenschaft, ein bedingtes Recht auf Eigenthumserwerb sowie die Zugehörigkeit zu einer Wassergenossenschaft, einer Bahneinheit oder einer sonstigen mit Beschränkungen des Eigenthümers verbundenen Vermögensmasse und die nach § 1010 des Bürgerlichen Gesetzbuchs eingetragenen Bestimmungen oder Ansprüche.

V. Im § 59 wird hinter dem Worte „Vormerkungen" das Wort „Widersprüchen" eingeschaltet.

VI. Im § 60 werden Satz 2, 3 durch folgende Vorschrift ersetzt:

Gebührenfrei ist die nach § 54 der Grundbuchordnung erfolgende Eintragung.

Als Abs. 2 wird folgende Vorschrift hinzugefügt:

Wird ein Antrag zurückgewiesen, nachdem nach § 18 der Grundbuchordnung eine Vormerkung oder ein Widerspruch eingetragen war, so wird nur die Gebühr für diese Eintragung erhoben.

VII. Im § 61 werden hinter dem Worte „Erwerbspreises" die Worte eingeschaltet: „für die Eintragung des Verzichts auf das Eigenthum am Grundstücke, für die Eintragung der nachträglichen Ausschließung der Ertheilung eines Briefes oder der Aufhebung dieser Ausschließung, für die Anlegung eines Blattes für ein noch nicht in das Grundbuch eingetragenes oder aus dem Grundbuch ausgeschiedenes Grundstück, für das Ausscheiden eines Grundstücks aus dem Grundbuche, falls nicht gleichzeitig eine Eigenthumsveränderung eingetragen wird, für den Vermerk von Rechten, welche dem jeweiligen Eigenthümer zustehen".

Als Abs. 2 wird hinzugefügt:

Auf die Berechnung des Werthes findet die Vorschrift des § 22 Abs. 1 entsprechende Anwendung.

VIII. Im § 64 werden hinter dem Worte „Forderung" folgende Worte eingeschaltet: „oder der Grundschuld, bei Rentenschulden der Betrag der Ablösungssumme"; an die Stelle der Worte „bei den in § 63 Abs. 1 bezeichneten Eintragungen oder Löschungen" treten die Worte „soweit nach § 63 Abs. 1 nur fünf Zehntheile der Gebühr zu erheben sind".

IX. Im § 65 Nr. 1 und 3 werden die Worte „oder Grundschuldbriefes", „oder Grundschuldbriefe" ersetzt durch die Worte „Grundschuld- oder Rentenschuldbriefs", „Grundschuld- oder Rentenschuldbriefe".

In Nr. 1 treten an die Stelle der Worte „für die Erneuerung eines Hypotheken- oder Grundschuldbriefes einschließlich der dabei vorkommenden Nebengeschäfte, ingleichen für die Ausfertigung eines Hypotheken- oder

Grundschuldbriefes an Stelle einer anderen Urkunde über die Hypothek oder Grundschuld" die Worte „für die Ertheilung eines neuen Briefes, einschließlich des über die Ertheilung im Grundbuch einzutragenden Vermerkes, für die Ergänzung des Auszugs aus dem Grundbuche sowie für die Herstellung eines Theilbriefs".

X. Im § 66 Abs. 1 werden die Worte „selbstständige Gerechtigkeiten" ersetzt durch die Worte „andere Berechtigungen, für welche die sich auf Grundstücke beziehenden Vorschriften gelten".

XI. Im § 66a erhält der Abs. 1 Satz 2 folgende Fassung:

> Es werden erhoben für die Anlegung und für die Schließung des Bahngrundbuchs der Satz des § 61 und für den Vermerk des Erlöschens der Genehmigung einschließlich der öffentlichen Bekanntmachung des Vermerkes der Satz des § 59.

Artikel 31.

Im § 25 des Gesetzes, betreffend das Pfandrecht an Privateisenbahnen und Kleinbahnen und die Zwangsvollstreckung in dieselben, vom 19. August 1895 (Gesetz-Samml. S. 499) treten an die Stelle des Abs. 3 Satz 2 folgende Vorschriften:

Der Inhaber des Zinsscheines kann gegen Aushändigung des Scheines den Betrag in Empfang nehmen. Sein Recht erlischt mit dem Ablaufe von sechs Monaten nach dem Eintritte der Verjährung; der Hinterleger ist zur Zurücknahme berechtigt. Ein Aufgebot der Zinsscheine findet nicht statt.

Artikel 32.

Soweit in Gesetzen auf Vorschriften verwiesen ist, welche durch dieses Gesetz außer Kraft gesetzt werden, treten an deren Stelle die entsprechenden neuen Vorscheiften.

Artikel 33.

Die nachstehenden Vorschriften werden, soweit sie nicht schon in Folge Reichsgesetzes außer Kraft treten oder nach der zu erlassenden Königlichen Verordnung für die Anlegung der Grundbücher maßgebend bleiben, unbeschadet der Uebergangsvorschriften, aufgehoben:

1. die Grundbuchordnung vom 5. Mai 1872 (Gesetz-Samml. S. 446);
2. das Gesetz über das Grundbuchwesen in dem Jadegebiete vom 23. März 1873 (Gesetz-Samml. S. 111);
3. das Gesetz über das Grundbuchwesen und die Verpfändung von Seeschiffen in Neuvorpommern und Rügen vom 26. Mai 1873

(Gesetz-Samml. S. 229) mit Ausnahme des § 26 und des § 28 Nr. 4;

4. das Gesetz über das Grundbuchwesen und die Verpfändung von Seeschiffen in der Provinz Schleswig-Holstein vom 27. Mai 1873 (Gesetz-Samml. S. 241);

5. das Gesetz über das Grundbuchwesen in der Provinz Hannover ꝛc. vom 28. Mai 1873 (Gesetz-Samml. S. 253) mit Ausnahme des § 8 und des § 14 Abs. 1;

6. das Gesetz über das Grundbuchwesen in dem Bezirke des Appellationsgerichts zu Cassel ꝛc. vom 29. Mai 1873 (Gesetz-Samml. S. 273) mit Ausnahme der §§ 45, 47;

7. das Gesetz über das Grundbuchwesen in dem Bezirke des Justizsenats zu Ehrenbreitstein vom 30. Mai 1873 (Gesetz-Samml. S. 287) mit Ausnahme des § 10;

8. das Gesetz über das Grundbuchwesen in den Hohenzollernschen Landen vom 31. Mai 1873 (Gesetz-Samml. S. 301);

9. das Gesetz, betreffend die Abänderungen der unter Nr. 2 und 7 genannten Gesetze, vom 3. Februar 1879 (Gesetz-Samml. S. 17);

10. das Gesetz über das Grundbuchwesen und die Zwangsvollstreckung in das unbewegliche Vermögen im Geltungsbereich des Rheinischen Rechts vom 12. April 1888 (Gesetz-Samml.

S. 52) mit Ausnahme des § 1, soweit er sich auf das Gesetz, betreffend die Berichtigung des Grundsteuerkatasters und der Grundbücher bei Auseinandersetzungen vor Bestätigung des Rezesses, vom 26. Juni 1875 bezieht, sowie der §§ 29, 31, 76;

11. das Gesetz, betreffend das Grundbuchwesen und die Zwangsvollstreckung in das unbewegliche Vermögen in dem Gebiet der vormals freien Stadt Frankfurt sowie den vormals Großherzoglich Hessischen und Landgräflich Hessischen Gebietstheilen der Provinz Hessen-Nassau, vom 19. August 1895 (Gesetz-Samml. S. 481) mit Ausnahme des § 1, soweit er sich auf das Gesetz vom 26. Juni 1875 bezieht, sowie der §§ 4, 7, 8, des § 21 Abs. 2, des § 22, des § 72 Abs. 2 und der §§ 74 bis 76;

12. das Gesetz über das Grundbuchwesen und die Zwangsvollstreckung in das unbewegliche Vermögen im Kreise Herzogthum Lauenburg vom 8. Juni 1896 (Gesetz-Samml. S. 109) mit Ausnahme des § 1, soweit er sich auf das Gesetz vom 26. Juni 1875 bezieht, des § 59 Abs. 2 und des § 61.

Soweit die aufrecht erhaltenen Vorschriften noch nicht in Kraft getreten sind, treten sie gleichzeitig mit diesem Gesetz in Kraft.

Artikel 34.

Dieses Gesetz tritt gleichzeitig mit der Grundbuchordnung in Kraft.

Auf Bergwerke, die nach dem Inkrafttreten des Bürgerlichen Gesetzbuchs verliehen werden, finden die Vorschriften dieses Gesetzes sofort Anwendung.

Urkundlich rc.

V.

Preußisches Gesetz
über
die freiwillige Gerichtsbarkeit.

Vom 21. September 1899.

(Ges.-Samml. Nr. 31, S. 249.)

Wir **Wilhelm**, von Gottes Gnaden König von Preußen ꝛc.

verordnen, unter Zustimmung der beiden Häuser des Landtags Unserer Monarchie, was folgt:

Erster Abschnitt.
Allgemeine Vorschriften.

Artikel 1.

Die §§ 3, 4, 6, 7, 14, der § 16 Abs. 2, 3 sowie die §§ 31 bis 33 des Reichsgesetzes über die Angelegenheiten der freiwilligen Gerichtsbarkeit vom 17. Mai 1898 finden, unbeschadet der Vorschriften des Grundbuchrechts über die Ausschließung und Ablehnung der Gerichtspersonen in der Beschwerdeinstanz, Anwendung auf diejenigen Angelegenheiten der freiwilligen Gerichtsbarkeit, welche durch Landesgesetz den ordentlichen Gerichten übertragen sind. Das Gleiche gilt von den Vorschriften der §§ 8, 9 über die Gerichtssprache und die Dolmetscher und, soweit nicht entgegenstehende Vorschriften gegeben sind, von den Vorschriften der §§ 13, 15, des § 16 Abs. 1 und der §§ 17, 34.

Artikel 2.

Wirkt in einer Angelegenheit der freiwilligen Gerichtsbarkeit, die nicht in der Beurkundung eines Rechtsgeschäfts besteht, ein Gerichtsschreiber mit, so finden auf ihn die Vorschriften der §§ 6, 7 des Reichsgesetzes über die Angelegenheiten der freiwilligen Gerichtsbarkeit entsprechende Anwendung.

Die Zuziehung eines Gerichtsschreibers kann in den Fällen, in welchen das Gesetz sie nicht vorschreibt, erfolgen, wenn sie zur sachgemäßen Erledigung des Geschäfts zweckmäßig ist.

Artikel 3.

Für die Anfechtung gerichtlicher Verfügungen in denjenigen Angelegenheiten der freiwilligen Gerichtsbarkeit, welche durch Landesgesetz den Gerichten übertragen sind, gelten die Vorschriften der Artikel 4 bis 7. Die Vorschriften des Grundbuchrechts und des Gesetzes, betreffend das Pfandrecht an Privateisenbahnen und Kleinbahnen 2c., vom 19. August 1895 (Gesetz-Samml. S. 499) bleiben unberührt.

Artikel 4.

Die gerichtlichen Verfügungen erster Instanz können im Wege der Beschwerde angefochten werden. Die Beschwerde findet nicht statt, soweit sie durch besondere gesetzliche Vorschrift ausgeschlossen ist. Rechte Dritter, die auf Grund der angefochtenen Verfügung erworben sind, werden durch die Abänderung der Verfügung nicht beeinträchtigt.

Artikel 5.

Soweit nach besonderen gesetzlichen Vorschriften die Einlegung des Rechtsmittels gegen die Entscheidung erster Instanz an eine Frist gebunden ist, findet die sofortige Beschwerde statt.

Artikel 6.

Die Vorschriften der §§ 20 bis 27, 29 des Reichsgesetzes über die Angelegenheiten der freiwilligen Gerichtsbarkeit finden entsprechende Anwendung.

Ueber die Beschwerde gegen eine Verfügung, die das Amtsgericht erlassen hat, entscheidet das Landgericht, über die Beschwerde gegen eine Verfügung, die das Landgericht in erster Instanz erlassen hat, entscheidet das Oberlandesgericht, über die Beschwerde gegen eine Verfügung, die das Oberlandesgericht in erster Instanz erlassen hat, der Justizminister.

Die Entscheidungen über Beschwerden erfolgen bei den Landgerichten durch eine Civilkammer, bei den Oberlandesgerichten durch einen Civilsenat.

Eine weitere Beschwerde findet nur statt, wenn das Amtsgericht die erste Instanz bildet.

Artikel 7.

Für die Entscheidung über das Rechtsmittel der weiteren Beschwerde ist das Kammergericht zuständig. Hängt die Entscheidung nach der Auffassung des Kammergerichts von der Auslegung eines in seinem Bezirke nicht geltenden Gesetzes ab, so kann es die weitere Beschwerde demjenigen Oberlandesgerichte zur Entscheidung überweisen, zu dessen Bezirke das Landgericht gehört, welches die angefochtene Entscheidung erlassen hat. Der Ueberweisungsbeschluß ist dem Beschwerdeführer bekannt zu machen.

Artikel 8.

Die Vorschriften des Artikel 7 gelten, unbeschadet der Zuständigkeit des Reichsgerichts, auch für Grundbuchsachen sowie für diejenigen Angelegenheiten der freiwilligen Gerichtsbarkeit, welche durch Reichsgesetz den Gerichten übertragen sind.

Artikel 9.

Sind an einer Angelegenheit der freiwilligen Gerichtsbarkeit mehrere Personen betheiligt, so kann das Gericht bei der von ihm zu treffenden Entscheidung auf Antrag einen Betheiligten verurtheilen, diejenigen Kosten des Verfahrens ganz oder theilweise zu tragen, welche er durch ein unbegründetes Gesuch, einen unbegründeten Widerspruch oder eine unbegründete Beschwerde, durch vorzeitiges Anrufen des Gerichts, durch eine Versäumung oder durch grobes Verschulden veranlaßt hat.

Zu den nach Abs. 1 zu erstattenden Kosten des Verfahrens gehören die Gebühren und Auslagen, welche durch die Zuziehung eines Rechtsanwalts entstanden sind, nur insoweit, als die Zuziehung nach dem Ermessen des Gerichts zur zweckentsprechenden Rechtsverfolgung oder Rechtsvertheidigung nothwendig war.

Artikel 10.

Wird eine gerichtliche Festsetzung des Betrags der Kosten erforderlich, zu deren Erstattung ein Betheiligter auf Grund der Artikel 9, 16 verurtheilt worden ist, so erfolgt sie durch das Gericht erster Instanz. Im Falle des § 1875 Abs. 1 des Bürgerlichen Gesetzbuchs erfolgt die Festsetzung durch den Vorsitzenden des Familienraths.

Zur Berücksichtigung eines Ansatzes genügt, daß er glaubhaft gemacht wird.

Artikel 11.

Findet gegen die Entscheidung in der Hauptsache die sofortige Beschwerde statt, so kann auch die Entscheidung über die Verpflichtung zur Tragung der Kosten sowie die Kostenfestsetzung nur mit der sofortigen Beschwerde angefochten werden.

Die Kostenfestsetzung kann selbständig mit der weiteren Beschwerde nur angefochten werden, wenn die Beschwerdesumme den Betrag von fünfzig Mark übersteigt.

Artikel 12.

Ergeht nach der Kostenfestsetzung eine Entscheidung, die den Werth des Gegenstandes des Verfahrens festsetzt, so ist, falls diese Entscheidung von der Werthberechnung abweicht, welche der Kostenfestsetzung zu Grunde liegt, auf Antrag die Kostenfestsetzung entsprechend abzuändern. Ueber den Antrag entscheidet das Gericht erster Instanz.

Artikel 13.

Wird eine in Betreff der Kosten ergangene Entscheidung abgeändert, so ist der Betheiligte auf Antrag zur Erstattung der ihm auf Grund der Entscheidung zuviel gezahlten Kosten zu verurtheilen.

Artikel 14.

Aus der gerichtlichen Kostenfestsetzung sowie aus der Entscheidung, durch die ein Betheiligter zur Erstattung der ihm zu viel gezahlten Kosten verurtheilt wird, findet die Zwangsvollstreckung nach den Vorschriften der Civilprozeßordnung statt.

Artikel 15.

Ist Jemandem durch eine Verfügung die Verpflichtung auferlegt, eine Handlung vorzunehmen, die ausschließlich von seinem Willen abhängt, oder eine Handlung zu unterlassen oder die Vornahme einer Handlung zu dulden, so kann ihn das Gericht, soweit sich nicht aus dem Gesetz ein Anderes ergiebt, zur Befolgung seiner Anordnung durch Ordnungsstrafen anhalten; die Ordnungsstrafen dürfen nur in Geld bestehen.

Artikel 16.

Bei der Festsetzung einer Ordnungsstrafe ist der Betheiligte zugleich in die Kosten des Verfahrens zu verurtheilen.

Die zwangsweise Einziehung einer Ordnungsstrafe erfolgt im Wege des Verwaltungszwangsverfahrens.

Eine Ordnungsstrafe kann nicht in den Nachlaß des Verurtheilten vollstreckt werden.

Artikel 17.

Soll eine Sache oder eine Person herausgegeben oder eine Sache vorgelegt werden oder ist eine Anordnung ohne Gewalt nicht durchzuführen, so kann auf Grund einer besonderen Verfügung des Gerichts auch Gewalt gebraucht werden; der Verfügung hat in der Regel eine Androhung vorauszugehen. Der Vollstreckungsbeamte ist befugt, erforderlichenfalls die Unterstützung der polizeilichen Vollzugsorgane nachzusuchen. Die Kosten fallen dem Verpflichteten zur Last. Die Vorschriften des § 752 und des § 790 Abs. 1 der Civilprozeßordnung finden entsprechende Anwendung.

Wird die Sache oder die Person nicht vorgefunden, so kann der Verpflichtete von dem Gerichte zur Leistung des Offenbarungseids angehalten werden; die Vorschriften des § 883 Abs. 2, 3, des § 900 Abs. 1 und der §§ 901, 902, 904 bis 910, 912, 913 der Civilprozeßordnung finden entsprechende Anwendung.

Artikel 18.

Die Ausfertigungen gerichtlicher Verfügungen sind von dem Gerichtsschreiber zu unterschreiben und mit dem Gerichtssiegel zu versehen.

Zweiter Abschnitt.

Nachlaß- und Theilungssachen.

Artikel 19.

Erhalten die Ortspolizeibehörden von einem Todesfalle Kenntniß, bei welchem gerichtliche Maßregeln zur Sicherung des Nachlasses angezeigt erscheinen können, so sollen sie dem Amtsgericht, in dessen Bezirke der Todesfall eingetreten ist, Mittheilung machen. Der Justizminister und der Minister des Innern können diese Verpflichtung auf die Gemeindebehörden übertragen.

Artikel 20.

Nach dem Tode eines Beamten hat, unbeschadet der Zuständigkeit des Nachlaßgerichts, die Behörde, welcher der Verstorbene angehörte, oder die Aufsichtsbehörde für die Sicherung der amtlichen Akten und der sonstigen Sachen, deren Herausgabe auf Grund des Dienstverhältnisses verlangt werden kann, zu sorgen, soweit hierfür ein Bedürfniß besteht.

Werden bei der Ausführung einer Maßregel, die das Gericht zur Sicherung eines Nachlasses angeordnet hat, Sachen der im Abs. 1 bezeichneten Art vorgefunden, so hat das Gericht die Behörde, welcher der Verstorbene angehörte, oder die Aufsichtsbehörde hiervon zu benachrichtigen und ihr zugleich von den Sicherungsmaßregeln, die in Ansehung dieser Sachen vorgenommen worden sind, Mittheilung zu machen. Der Behörde liegt es ob, das Weitere zu veranlassen.

Artikel 21.

Wird auf Grund der §§ 86, 99 des Reichsgesetzes über die Angelegenheiten der freiwilligen Gerichtsbarkeit die Vermittelung der Auseinandersetzung nachgesucht, so kann das Amtsgericht auf Antrag eines Betheiligten die Vermittelung der Auseinandersetzung einem Notar überweisen, der seinen Amtssitz in dem Bezirke des vorgeordneten Landgerichts hat.

Wird der Antrag vor dem ersten Verhandlungstermine von allen Betheiligten oder in diesem Termine von allen erschienenen Betheiligten gestellt, so hat ihm das Gericht stattzugeben. Einigen sich vor dem Termin alle Betheiligten oder in dem Termin alle erschienenen Betheiligten über einen bestimmten Notar, so hat das Gericht die Vermittelung der Auseinandersetzung diesem Notar zu überweisen, es sei denn, daß er an der Vermittelung rechtlich oder thatsächlich verhindert ist.

Gegen den Beschluß, durch welchen über die Ueberweisung entschieden wird, steht den Betheiligten die sofortige Beschwerde zu.

Ist der Ueberweisungsbeschluß rechtskräftig geworden, so hat ihn das Gericht mit den Akten unter Angabe des Tages, an welchem die Rechtskraft eingetreten ist, dem Notar zu übersenden.

Artikel 22.

Ist der von dem Gericht ernannte Notar an der Vermittelung der Auseinandersetzung rechtlich oder thatsächlich verhindert, so finden auf die Ueberweisung an einen anderen Notar die Vorschriften des Artikel 21 mit der Maßgabe entsprechende Anwendung, daß die Ueberweisung auch ohne Antrag erfolgen kann, und daß als erster Verhandlungstermin der erste von dem Gerichte zur Forsetzung der Verhandlung bestimmte Termin gilt.

Lehnt der Notar die Vermittelung der Auseinandersetzung ab, weil der ihm zustehende Vorschuß nicht gezahlt wird, so ist die Ueberweisung erledigt; die Ueberweisung an einen anderen Notar ist unzulässig.

Artikel 23.

Durch den Ueberweisungsbeschluß gehen auf den Notar die Verrichtungen über, die nach dem § 87

Abs. 2, den §§ 89 bis 91, dem § 93 Abs. 1, Abs. 2 Satz 1 sowie nach den §§ 94, 95 des Reichsgesetzes über die Angelegenheiten der freiwilligen Gerichtsbarkeit dem Amtsgerichte zustehen.

Die Bestätigung der Auseinandersetzung oder einer vorgängigen Vereinbarung erfolgt durch das Gericht. Die Vernehmung eines Zeugen oder eines Sachverständigen kann von dem Notar nur dann angeordnet werden, wenn die erschienenen Betheiligten über seine Vernehmung einverstanden sind. Auch ist nur das Gericht zuständig, über die Rechtmäßigkeit der Weigerung eines Zeugnisses oder der Abgabe eines Gutachtens und über die Entbindung von der Abgabe eines Gutachtens zu entscheiden; das Gleiche gilt von der Verurtheilung eines Zeugen oder eines Sachverständigen in Strafe oder Kosten, von der Anordnung der zwangsweisen Vorführung eines Zeugen sowie von der Aufhebung der gegen einen Zeugen oder Sachverständigen getroffenen Anordnungen.

Artikel 24.

Soweit nach Artikel 23 an Stelle des Gerichts der Notar zuständig ist, tritt der Notar auch an die Stelle des Gerichtsschreibers; an die Stelle der Gerichtsschreiberei treten die Geschäftsräume des Notars.

Artikel 25.

Der Antrag auf Wiedereinsetzung in den vorigen

Stand kann bei dem Gericht oder dem Notar gestellt werden.

Artikel 26.

Auf die Bekanntmachung notarieller Verfügungen findet der § 16 Abs. 2 des Reichsgesetzes über die freiwillige Gerichtsbarkeit entsprechende Anwendung.

Soweit nach Abs. 1 die für die Zustellung von Amtswegen geltenden Vorschriften der Civilprozeßordnung maßgebend sind, tritt an die Stelle des Gerichtsschreibers der Notar, an die Stelle des Gerichtsdieners der Gerichtsvollzieher. Der § 174 Abs. 1 der Civilprozeßordnung bleibt außer Anwendung. Bei einer Zustellung durch Aufgabe der Post hat sich der Notar, wenn er nicht selbst das zuzustellende Schriftstück der Post übergiebt, der Vermittelung eines Gerichtsvollziehers zu bedienen. Die Bewilligung einer öffentlichen Zustellung kann nur durch das Gericht erfolgen; die Zustellung wird von dem Gerichtsschreiber besorgt.

Artikel 27.

Ist das Verfahren vor dem Notar erledigt, so hat dieser die in dem Verfahren entstandenen Schriftstücke zu den Gerichtsakten abzugeben.

Artikel 28.

Die Kosten des Verfahrens vor dem Gericht und des Verfahrens vor dem Notar fallen der Masse zur Last. Die Gebühren und Auslagen eines Bevollmächtigten trägt der Machtgeber, die Kosten einer für das Auseinandersetzungsverfahren angeordneten Abwesenheitspflegschaft der abwesende Betheiligte, die durch eine Versäumung verursachten Kosten der Säumige.

Diese Vorschriften finden keine Anwendung, soweit in der Auseinandersetzungsurkunde ein Anderes bestimmt ist.

Wer die Kosten der Beschwerdeinstanz zu tragen hat, bestimmt sich nach dem Inhalte der darüber ergangenen gerichtlichen Entscheidung.

Die Vorschriften der Artikel 9 bis 14 finden keine Anwendung.

Dritter Abschnitt.

Vereins- und Güterrechtsregister. Schiffsregister und Handelssachen.

Artikel 29.

Die näheren Bestimmungen über die Einrichtung und die Führung des Vereins- und des Güterrechtsregisters sowie des Handels- und des Schiffsregisters werden vom Justizminister getroffen.

Die Eintragungen in das Schiffsregister sollen von dem Richter mit Angabe des Wortlauts verfügt, von dem Gerichtsschreiber ausgeführt und von beiden unterschrieben werden.

Die beglaubigten Abschriften aus dem Schiffsregister sind von dem Richter und dem Gerichtsschreiber zu unterschreiben.

Artikel 30.

Ueber die Verpflichtung zur Tragung der Kosten, die durch eine gerichtliche Verhandlung über die Bestätigung der Dispache entstehen, entscheidet das Gericht, vor dem die Verhandlung stattfindet; die Entscheidung erfolgt nur auf Antrag eines der an dem Verfahren Betheiligten.

Die Kosten sind, unbeschadet der Vorschrift des Artikel 9, von den an dem Verfahren Betheiligten in dem Verhältnisse zu tragen, in welchem sie zu dem Havereischaden beizutragen haben. Die den einzelnen Betheiligten entstandenen Kosten können, wenn die Umstände es rechtfertigen, gegen einander aufgehoben werden. Soweit die Betheiligten eine abweichende Vereinbarung treffen, ist diese maßgebend.

Die Vorschriften der Artikel 10 bis 14 dieses Gesetzes und des § 158 Abs. 3 des Reichsgesetzes über die Angelegenheiten der freiwilligen Gerichtsbarkeit finden entsprechende Anwendung.

Vierter Abschnitt.

Gerichtliche und notarielle Urkunden.

Erster Titel.

Zuständigkeit.

Artikel 31.

Für die Aufnahme von Urkunden der freiwilligen Gerichtsbarkeit sind die Amtsgerichte und die Notare zuständig. Die Zuständigkeit umfaßt die Befugniß zur öffentlichen Beurkundung von Rechtsgeschäften und von sonstigen Thatsachen. Sie erstreckt sich insbesondere auch auf die Vornahme freiwilliger Versteigerungen, auf die Mitwirkung bei Abmarkungen sowie auf die Aufnahme von Vermögensverzeichnissen.

Die Notare sind auch zuständig, Zustellungen vorzunehmen und zu beurkunden. Die Zustellungsurkunden der Notare sind stempelfrei.

Der Justizminister kann die Amtsgerichte anweisen, Versteigerungen nur unter bestimmten Voraussetzungen vorzunehmen.

Artikel 32.

Unberührt bleiben die Vorschriften, wonach die im Artikel 31 bezeichneten Handlungen der freiwilligen Gerichtsbarkeit auch von anderen Behörden oder mit öffentlichem Glauben versehenen Personen als den Amtsgerichten oder Notaren oder nur von solchen anderen Behörden oder Personen oder nur von dem örtlich zuständigen Amtsgerichte vorgenommen werden können.

Beglaubigte Abschriften oder Bescheinigungen aus den bei Gericht geführten oder verwahrten Akten und öffentlichen Büchern sollen die Notare in der Regel nicht ertheilen.

Artikel 33.

Die Amtsgerichte und die Notare sollen die freiwillige Versteigerung eines Grundstücks nur vornehmen, wenn das Grundstück in ihrem Amtsbezirke belegen ist. Liegt das Grundstück in verschiedenen Amtsbezirken oder sollen mehrere Grundstücke, die in verschiedenen Amtsbezirken liegen, zusammen versteigert werden, so ist jedes Amtsgericht sowie jeder Notar, in dessen Amtsbezirk ein Theil des Grundstücks oder eines der Grundstücke liegt, zu der Versteigerung befugt.

Gehört das Grundstück zu einem Nachlaß oder zu einer ehelichen Gütergemeinschaft oder zu einer fortgesetzten Gütergemeinschaft, so darf die Versteigerung auch von dem Gerichte vorgenommen werden, welches auf Grund der §§ 86, 99 des Reichsgesetzes über die Angelegenheiten der freiwilligen Gerichtsbarkeit mit der Vermittelung der Auseinandersetzung befaßt ist; hat das Gericht die Vermittelung der Auseinandersetzung einem Notar übertragen, so ist an Stelle des Gerichts der Notar zuständig.

Artikel 34.

Ist zur Wahrnehmung von Rechten im Auslande die Leistung eines Eides oder eine Versicherung an Eidesstatt erforderlich, so ist zur Abnahme des Eides oder der Versicherung an Eidesstatt sowohl das Amtsgericht als auch der Notar befugt.

Das Amtsgericht kann für eine einzelne Angelegenheit einen Sachverständigen auch dann beeidigen, wenn alle bei dieser Angelegenheit betheiligten Personen darauf antragen und die Beeidigung nach dem Ermessen des Gerichts angemessen erscheint.

Artikel 35.

Zur Beglaubigung von Abschriften sind auch die Gerichtsschreiber befugt. Die Vorschriften über die Beglaubigung von Abschriften aus dem Grundbuch und dem Schiffsregister bleiben unberührt.

Artikel 36.

Die Gerichtsschreiber bei den Amtsgerichten sind zuständig für Beurkundungen behufs Sicherstellung der Zeit, zu welcher eine Privaturkunde ausgestellt ist.

Artikel 37.

Eine Beurkundung, für die das Landgericht oder das Oberlandesgericht zuständig ist, kann durch einen beauftragten oder ersuchten Richter erfolgen. Der Auftrag kann auch von dem Vorsitzenden der Kammer oder des Senats ertheilt werden. Der beauftragte oder ersuchte Richter soll sich in der Urkunde als solcher bezeichnen.

Artikel 38.

Soweit die Gerichtsschreiber oder die Gerichtsvollzieher auf Antrag der Betheiligten oder im Auftrage des Gerichts die im Artikel 31 Abs. 1 bezeichneten Geschäfte vornehmen können, ist das Amtsgericht befugt, die Ausführung eines Geschäfts, um dessen Vornahme es ersucht wird, dem Gerichtsschreiber oder einem Gerichtsvollzieher zu übertragen. In gleicher Weise kann, soweit für die Aufnahme von Vermögensverzeichnissen, die öffentliche Versteigerung beweglicher Sachen sowie die öffentliche Verpachtung an den Meistbietenden die im siebenten Abschnitte bezeichneten Behörden oder Beamten zuständig sind, diesen die Ausführung eines Geschäfts, um dessen Vornahme das Amtsgericht ersucht wird, übertragen werden.

Die Aufnahme eines Vermögensverzeichnisses kann auch einem Notar übertragen werden.

Der Justizminister kann für solche Bezirke, in denen dazu ein Bedürfniß besteht, die Amtsgerichte ermächtigen, in den ihnen geeignet scheinenden Fällen mit der Vornahme und der Beurkundung einer freiwilligen Grundstücksversteigerung, die außerhalb der Gerichtsstelle erfolgen soll, einen Gerichtsschreiber zu beauftragen; der Gerichtsschreiber soll nur mit Zustimmung der Betheiligten beauftragt werden.

Artikel 39.

Eine Beurkundung ist nicht deshalb ungültig, weil der beurkundende Beamte sie außerhalb der Grenzen seines Bezirkes vorgenommen hat.

Zweiter Titel.

Urkunden über Rechtsgeschäfte.

Artikel 40.

Werden bei der Beurkundung eines Rechtsgeschäfts von dem Richter oder dem Notar Wahrnehmungen gemacht, welche Zweifel darüber begründen, ob ein Betheiligter die zu dem Rechtsgeschäft erforderliche Geschäftsfähigkeit oder Einsicht besitzt, oder bestehen sonstige Zweifel an der Gültigkeit des Geschäfts, so sollen die Zweifel den Betheiligten mitgetheilt und der Inhalt der Mittheilung sowie die von den Betheiligten darauf abgegebenen Erklärungen in dem Protokolle festgestellt werden.

Verstößt der Inhalt eines Geschäfts gegen ein Strafgesetz oder ist das Geschäft offenbar ungültig, so hat der Richter sowie der Notar die Beurkundung abzulehnen.

Artikel 41.

Das Protokoll soll, falls ein Betheiligter taub ist, ihm zur Durchsicht vorgelegt werden, auch wenn er dies nicht verlangt. In dem Protokolle soll festgestellt werden, daß dies geschehen ist.

Ist ein tauber Betheiligter nicht im Stande, Geschriebenes zu lesen, so soll eine Vertrauensperson zugezogen werden, die sich mit ihm zu verständigen vermag. In dem Protokolle soll festgestellt werden, daß der Betheiligte nach der Ueberzeugung des Richters oder des Notars die Vertrauensperson verstanden hat. Das Protokoll soll auch von der Vertrauensperson genehmigt und unterschrieben werden. Die Vertrauensperson kann auch der Gerichtsschreiber, der zugezogene zweite Notar oder ein zugezogener Zeuge oder einer der Betheiligten sein.

Artikel 42.

Die Urschrift des gerichtlichen und des notariellen Protokolls über die Beurkundung eines Rechtsgeschäfts bleibt in der Verwahrung des Gerichts oder des Notars.

Artikel 43.

Eine Ausfertigung des Protokolls kann nur von dem Gericht oder dem Notar ertheilt werden, in dessen Verwahrung sich die Urschrift befindet.

Hat das Gericht oder der Notar, in dessen Verwahrung sich die Urschrift befindet, das Protokoll nicht aufgenommen, so soll in der Ausfertigung angegeben werden, weshalb sie von dem ausfertigenden Gericht oder Notar ertheilt worden ist.

Artikel 44.

Wird glaubhaft gemacht, daß die Urkunde im Auslande gebraucht werden soll, so darf mit Zustimmung derjenigen, welche nach Artikel 49 Abs. 1 eine Ausfertigung fordern können, die Urschrift ausgehändigt werden. Geschieht dies, so soll eine Ausfertigung zurückbehalten und auf dieser vermerkt werden, wem und an welchem Tage die Urschrift ausgehändigt worden ist. Die zurückbehaltene Ausfertigung vertritt die Stelle der Urschrift.

Artikel 45.

Die Vorschriften des § 182 des Reichsgesetzes über die Angelegenheiten der freiwilligen Gerichtsbarkeit finden auch auf die gerichtliche Ausfertigung notarieller Protokolle Anwendung.

Notarielle Ausfertigungen sind von dem Notar zu unterschreiben und mit dem Dienstsiegel zu versehen. Auf Antrag können die Protokolle vom Notar auch auszugsweise ausgefertigt werden.

Artikel 46.

Die Ausfertigung soll den Ort und den Tag der Ertheilung angeben und die Bezeichnung der Person enthalten, der sie ertheilt wird.

Auf der Urschrift soll vermerkt werden, wem und an welchem Tage Ausfertigungen ertheilt worden sind.

Artikel 47.

Soll ein Protokoll auszugsweise ausgefertigt werden, so sind in die Ausfertigung außer solchen Theilen des Protokolls, welche die Beobachtung der

Förmlichkeiten nachweisen, diejenigen Theile aufzunehmen, welche den Gegenstand betreffen, auf den sich der Auszug beziehen soll. In dem Ausfertigungsvermerk ist der Gegenstand anzugeben und zu bezeugen, daß weitere den Gegenstand betreffende Bestimmungen in dem Protokolle nicht enthalten sind. Bei gerichtlichen Ausfertigungen hat der Richter den Umfang des Auszugs und den Inhalt des Ausfertigungsvermerkes anzuordnen und der Gerichtsschreiber in dem Ausfertigungsvermerke die Anordnung des Richters zu erwähnen.

Artikel 48.

Anlagen des Protokolls sind, soweit sie nicht nach § 176 des Reichsgesetzes über die Angelegenheiten der freiwilligen Gerichtsbarkeit einen Theil des Protokolls selbst bilden, der Ausfertigung oder dem Auszug in beglaubigter Abschrift beizufügen; die Beifügung erfolgt nur auf Antrag.

Artikel 49.

Von den Protokollen können, sofern nicht in der Urkunde oder durch eine besondere Erklärung gegenüber dem Gericht oder dem Notar eine abweichende Bestimmung getroffen ist, eine Ausfertigung fordern:

1. diejenigen, welche das Rechtsgeschäft im eigenen Namen vorgenommen haben oder in deren Namen das beurkundete Rechtsgeschäft von Anderen vorgenommen worden ist;

2. die Rechtsnachfolger der in Nr. 1 bezeichneten Personen.

Die im Abs. 1 bezeichneten Personen sind auch berechtigt, eine einfache oder beglaubigte Abschrift zu verlangen und die Urschrift einzusehen.

Hat derjenige, welcher eine Ausfertigung fordert, sein Rechtsvorgänger oder sein Rechtsnachfolger schon eine Ausfertigung erhalten, so ist die Ertheilung einer weiteren Ausfertigung zu verweigern, wenn ihr rechtliche Bedenken entgegenstehen.

Artikel 50.

Die Einsicht der notariellen Protokolle kann denjenigen gestattet werden, in deren Interesse die Urkunde errichtet worden ist, sowie den Rechtsnachfolgern dieser Personen. Das Gleiche gilt von der Ertheilung einer einfachen oder beglaubigten Abschrift.

Artikel 51.

Der Gerichtsschreiber soll Ausfertigungen oder Abschriften nur auf Anordnung des Gerichts ertheilen.

Weigert sich ein Notar, eine Ausfertigung oder Abschrift zu ertheilen oder die Einsicht der Urschrift zu gestatten, so entscheidet auf Antrag des Betheiligten eine Civilkammer des Landgerichts, in dessen Bezirke der Notar seinen Amtssitz hat.

Artikel 52.

Die Rechte, welche Behörden oder Beamten sowie anderen als den in den Artikeln 49, 50 bezeichneten

Personen in Bezug auf die Aushändigung oder Einsicht gerichtlicher oder notarieller Urkunden oder in Bezug auf die Mittheilung ihres Inhalts zustehen, werden durch die Vorschriften dieses Titels nicht berührt.

Dritter Titel.

Sonstige Urkunden.

Artikel 53.

Für notarielle Urkunden über andere Gegenstände als Rechtsgeschäfte gelten die Vorschriften der Artikel 54 bis 62. Die gleichen Vorschriften finden auf gerichtliche Urkunden der bezeichneten Art Anwendung, soweit nicht die Beurkundung einen Theil eines anderen Verfahrens bildet.

Artikel 54.

Die Urkunde muß den Ort und den Tag der Verhandlung oder, falls sie nicht in der Form eines Protokolls aufgenommen wird, den Ort und den Tag der Ausstellung angeben und mit der Unterschrift des Richters oder des Notars versehen sein. Wird die Urkunde den Betheiligten in Urschrift ausgehändigt, so muß sie auch mit Siegel oder Stempel versehen sein.

Artikel 55.

Die Beurkundung soll, sofern nicht ein Anderes bestimmt ist, in der Form eines Protokolls erfolgen.

Außer dem Richter oder dem Notar sollen auch die übrigen bei der Verhandlung mitwirkenden Personen das Protokoll unterzeichnen.

Inwieweit das Protokoll den Betheiligten behufs der Genehmigung vorzulesen oder ihnen zur Durchsicht vorzulegen und von ihnen zu unterschreiben ist, bleibt dem Ermessen des Richters oder des Notars überlassen.

Artikel 56.

Bei Zustellungen, bei der Beglaubigung von Abschriften, bei der Sicherstellung der Zeit, zu welcher eine Privaturkunde ausgestellt ist, bei Lebensbescheinigungen und bei sonstigen einfachen Zeugnissen bedarf es nicht der Aufnahme eines Protokolls.

Artikel 57.

Die Beglaubigung einer Abschrift geschieht durch einen unter die Abschrift zu setzenden Vermerk, der die Uebereinstimmung mit der Hauptschrift bezeugt. In dem Vermerke soll ersichtlich gemacht werden, ob die Hauptschrift eine Urschrift, eine einfache oder beglaubigte Abschrift oder eine Ausfertigung ist; ist sie eine beglaubigte Abschrift oder eine Ausfertigung, so ist der Beglaubigungsvermerk oder der Ausfertigungsvermerk in die beglaubigte Abschrift mitaufzunehmen.

Durchstreichungen, Aenderungen, Einschaltungen, Radirungen oder andere Mängel einer von den Betheiligten vorgelegten Schrift sollen in dem Vermerk angegeben werden.

Soll ein Auszug aus einer Urkunde beglaubigt werden, so finden die Vorschriften des Artikel 47 Satz 1, 2 entsprechende Anwendung.

Artikel 58.

Die Sicherstellung der Zeit, zu welcher eine Privaturkunde ausgestellt ist, geschieht durch einen unter die Urkunde zu setzenden Vermerk, in welchem der Richter oder der Notar bezeugt, wann ihm die Urkunde vorgelegt worden ist. Die Vorschriften des Artikel 57 Abs. 2 finden Anwendung.

Artikel 59.

Wird von dem Gerichtsschreiber eine Abschrift oder die Zeit, zu welcher eine Privaturkunde ihm vorgelegt worden ist, beglaubigt, so finden die Vorschriften der Artikel 54, 57, 58 und bei der Beglaubigung eines Auszugs auch die Vorschrift des Artikel 47 Satz 3 entsprechende Anwendung.

Artikel 60.

Bei der Beglaubigung einer Unterschrift oder eines Handzeichens ist der Richter oder der Notar ohne Zustimmung der Betheiligten nicht befugt, von dem Inhalte der Urkunde Kenntniß zu nehmen.

Wenn der Notar den Entwurf einer Urkunde anfertigt und nach ihrer Vollziehung durch die Betheiligten die Unterschriften oder Handzeichen beglaubigt, so hat er eine beglaubigte Abschrift der

Urkunde zu seinen Akten zurückzubehalten; diese Abschrift ist stempelfrei.

Werden von dem Richter oder dem Notar Wahrnehmungen gemacht, die geeignet sind, Zweifel an der unbeschränkten Geschäftsfähigkeit der Person zu begründen, deren Unterschrift oder Handzeichen beglaubigt werden soll, so soll dies in dem Beglaubigungsvermerke festgestellt werden.

Artikel 61.

Die Urschriften der im Artikel 53 bezeichneten Urkunden sind, falls die Beurkundung in der Form eines Protokolls erfolgt ist, in der Verwahrung des Gerichts oder des Notars zu belassen. Die Vorschriften des § 182 des Reichsgesetzes über die Angelegenheiten der freiwilligen Gerichtsbarkeit und der Artikel 43 bis 48 dieses Gesetzes finden entsprechende Anwendung.

Eine Ausfertigung können, sofern nicht in der Urkunde oder durch eine besondere Erklärung gegenüber dem Gericht oder dem Notar eine abweichende Bestimmung getroffen ist, diejenigen Personen fordern, auf deren Antrag die Urkunde aufgenommen worden ist. Wer eine Ausfertigung fordern kann, ist auch berechtigt, eine einfache oder beglaubigte Abschrift zu verlangen und die Urschrift einzusehen. Inwieweit anderen Personen eine einfache oder beglaubigte Abschrift zu ertheilen oder die Einsicht der Urschrift zu gestatten ist, bestimmt sich auch für notarielle Urkunden nach den Vorschriften des § 34 des Reichsgesetzes über die Angelegenheiten der freiwilligen Gerichtsbarkeit. Die Vorschrift des Artikel 52 findet entsprechende Anwendung.

Artikel 62.

Wechselproteste werden den Auftraggebern in Urschrift ausgehändigt. Die beglaubigten Abschriften der Wechselproteste für das Protestregister sind stempelfrei.

Vierter Titel.

Aeußere Form und Vernichtung der Urkunden.

Artikel 63.

Umfaßt die Urschrift einer von einem Notar aufgenommenen Urkunde allein oder mit den Anlagen mehrere Bogen, so sollen diese entweder mit fortlaufenden Zahlen versehen und von dem Notar einzeln unterschrieben oder durch Schnur und Siegel verbunden werden.

Umfaßt die Ausfertigung, die beglaubigte Abschrift oder die den Betheiligten auszuhändigende Urschrift einer unter die Vorschriften des zweiten oder dritten Titels fallenden gerichtlichen oder notariellen Urkunde allein oder mit ihren Anlagen mehrere Bogen, so sollen diese durch Schnur und Siegel verbunden werden.

Artikel 64.

Die von den Notaren ausgestellten Urkunden und die Eintragungen in die Register der Notare sowie die gerichtlichen Urkunden, auf welche die Vorschriften des zweiten oder dritten Titels Anwendung finden, sollen deutlich und ohne Abkürzungen geschrieben, es soll in ihnen nichts radirt oder sonst unleserlich gemacht werden.

Zusätze sollen am Schlusse oder am Rande beigefügt und im letzteren Falle von den mitwirkenden Personen besonders unterzeichnet werden. In entsprechender Weise sollen auch andere Aenderungen beurkundet werden. Auf Aenderungen geringfügiger Art finden diese Vorschriften keine Anwendung.

Wird eine Schrift nach § 176 Abs. 2 des Reichsgesetzes über die Angelegenheiten der freiwilligen Gerichtsbarkeit dem Protokoll als Anlage beigefügt, so bedarf es einer Unterzeichnung der in der eingereichten Schrift sich findenden Aenderungen nicht, wenn aus dem Protokolle hervorgeht, daß die Aenderungen genehmigt worden sind.

Artikel 65.

Gerichtliche und notarielle Urkunden können nach Maßgabe der Anordnungen des Justizministers vernichtet werden.

Fünfter Abschnitt.

Verfahren bei der freiwilligen gerichtlichen Versteigerung von Grundstücken.

Artikel 66.

Wer die freiwillige gerichtliche Versteigerung eines Grundstücks beantragt, hat seine Befugniß zur Verfügung über das Grundstück dem Gerichte nachzuweisen.

Der Richter soll, soweit die Betheiligten nicht ein Anderes bestimmen, bei der Versteigerung nach den Vorschriften der Artikel 67 bis 74 verfahren.

Artikel 67.

Der Versteigerungstermin soll erst bestimmt werden, nachdem ein das Grundstück betreffender neuester Auszug aus der Grundsteuermutterrolle und der Gebäudesteuerrolle beigebracht worden ist. In den Hohenzollernschen Landen tritt an die Stelle des Auszugs aus den Steuerrollen ein Auszug aus dem Besitz- und Steuerhefte des Schuldners. Wird das Grundbuch nicht bei dem Gerichte geführt, welches die Versteigerung vornimmt, so soll auch eine beglaubigte Abschrift des Grundbuchblatts beigebracht werden.

Der Zeitraum zwischen der Anberaumung des Termins und dem Termine soll, wenn nicht besondere Gründe vorliegen, nicht mehr als sechs Monate betragen. Zwischen der Bekanntmachung der Terminsbestimmung und dem Termine soll in der Regel ein Zeitraum von mindestens sechs Wochen liegen.

Artikel 68.

Die Terminsbestimmung soll enthalten:

1. die Bezeichnung des Grundstücks;
2. Zeit und Ort des Versteigerungstermins;
3. die Angabe, daß die Versteigerung eine freiwillige ist;
4. die Bezeichnung des eingetragenen Eigenthümers sowie die Angabe des Grundbuchblatts und der Größe des Grundstücks.

Sind vor der Bekanntmachung der Terminsbestimmung Versteigerungsbedingungen festgestellt, so soll in der Terminsbestimmung der Ort angegeben werden, wo die Versteigerungsbedingungen eingesehen werden können.

Artikel 69.

Die Terminsbestimmung ist durch einmalige Einrückung in ein vom Gerichte zu bestimmendes Blatt öffentlich bekannt zu machen. Die Vorschriften des § 39 Abs. 2 und des § 40 des Gesetzes über die Zwangsversteigerung und die Zwangsverwaltung finden entsprechende Anwendung.

Artikel 70.

Die Terminsbestimmung ist dem Antragsteller mitzutheilen.

Artikel 71.

Die Einsicht der Abschrift des Grundbuchblatts sowie der Auszüge aus den Steuerbüchern ist Jedem gestattet.

Das Gleiche gilt von anderen das Grundstück betreffenden Nachweisungen, welche ein Betheiligter einreicht, insbesondere von Abschätzungen.

Artikel 72.

In dem Versteigerungstermine werden nach dem Aufrufe der Sache die Versteigerungsbedingungen, sofern ihre Feststellung nicht schon vorher erfolgt ist, festgestellt und diese sowie die das Grundstück betreffenden Nachweisungen bekannt gemacht. Hierauf fordert das Gericht zur Abgabe von Geboten auf.

Artikel 73.

Hat ein Bieter durch Hinterlegung von Geld oder Werthpapieren Sicherheit zu leisten, so gilt in dem Verhältnisse zwischen den Betheiligten die Uebergabe an das Gericht als Hinterlegung.

Artikel 74.

Zwischen der Aufforderung zur Abgabe von Geboten und dem Zeitpunkt, in welchem bezüglich sämmtlicher zu versteigernder Grundstücke die Versteigerung geschlossen wird, soll mindestens eine Stunde liegen. Die Versteigerung soll so lange fortgesetzt werden, bis der Aufforderung des Gerichts ungeachtet ein Gebot nicht mehr abgegeben wird.

Das Gericht hat das letzte Gebot mittelst dreimaligen Ausrufs zu verkünden und den Antragsteller über den Zuschlag zu hören.

Artikel 75.

Unberührt bleiben die besonderen Vorschriften, welche bei der Versteigerung der Grundstücke gewisser juristischer Personen zu beobachten sind.

Artikel 76.

Auf die freiwillige gerichtliche Versteigerung eines Bergwerkseigenthums, eines unbeweglichen Bergwerksantheils sowie einer selbständigen Kohlenabbau-Gerechtigkeit finden außer den Artikeln 33, 66 bis 75 dieses Gesetzes die Artikel 18, 20 des Ausführungsgesetzes zu dem Gesetz über die Zwangsversteigerung und die Zwangsverwaltung entsprechende Anwendung.

Sechster Abschnitt.

Amtsstellung der Notare.

Artikel 77.

Zur Bekleidung des Amtes eines Notars ist befähigt, wer in einem Deutschen Bundesstaate die Fähigkeit zum Richteramt erlangt hat.

Artikel 78.

Die Notare werden von dem Justizminister auf Lebenszeit ernannt.

Die Ernennung eines Rechtsanwalts zum Notar kann für die Zeit erfolgen, während welcher er bei einem bestimmten Gerichte zur Rechtsanwaltschaft zugelassen ist.

Artikel 79.

Jedem Notar wird bei seiner Ernennung ein Amtssitz angewiesen. Innerhalb des Amtssitzes hat er seine Geschäftsräume zu halten; mehrere Geschäftsstellen darf er nicht halten.

In Orten, die in mehrere Amtsgerichtsbezirke getheilt sind, wird dem Notar innerhalb des Ortes einer dieser Bezirke als Amtssitz angewiesen. Erfolgt die Theilung erst nach der Ernennung des Notars, so gilt innerhalb des Ortes derjenige Amtsgerichtsbezirk, in welchem der Notar seine Geschäftsräume hält, als Amtssitz; in diesem Falle ist der Notar befugt, innerhalb des Ortes den Amtssitz zu wechseln.

In Städten von mehr als hunderttausend Einwohnern kann dem Notar eine bestimmt begrenzte Gegend der Stadt als Amtssitz angewiesen werden.

Artikel 80.

Der Amtsbezirk eines Notars umfaßt den ganzen Oberlandesgerichtsbezirk, in welchem ihm der Amtssitz angewiesen ist.

Artikel 81.

Der Notar hat, sofern er nicht schon bei seiner Ernennung Preußischer Staatsbeamter ist, vor dem

Präsidenten des Landgerichts, in dessen Bezirk ihm der Amtssitz angewiesen ist, oder vor einem von diesem beauftragten Richter den Diensteid zu leisten. Vor der Erfüllung dieser Verpflichtung soll er keine Amtshandlungen vornehmen.

Der Notar hat seine bei Amtshandlungen anzuwendende Unterschrift dem Landgerichtspräsidenten einzureichen.

Artikel 82.

Der Notar bedarf zur Uebernahme eines unbesoldeten Amtes in der Gemeindeverwaltung oder der Gemeindevertretung nicht der Genehmigung seiner Aufsichtsbehörde.

Das Gleiche gilt von der Uebernahme der Mitgliedschaft in dem Vorstand oder in dem Aufsichtsrath einer Versicherungsgesellschaft auf Gegenseitigkeit oder einer eingetragenen Genossenschaft oder in dem Aufsichtsrath einer Gesellschaft mit beschränkter Haftung.

Artikel 83.

Der Notar darf seine Dienste nicht ohne triftigen Grund verweigern. Nimmt er einen Auftrag nicht an, so ist er verpflichtet, die Ablehnung dem Auftraggeber unverzüglich anzuzeigen.

Hat Jemand nach § 14 des Reichsgesetzes über die Angelegenheiten der freiwilligen Gerichtsbarkeit oder nach Artikel 1 Satz 1 dieses Gesetzes Anspruch auf Bewilligung des Armenrechts, so hat ihm der Notar seine Dienste gebührenfrei zu gewähren.

Artikel 84.

Auf Amtshandlungen des Notars, die nicht die Beurkundung eines Rechtsgeschäfts zum Gegenstande haben, finden die Vorschriften, die in den §§ 6 bis 9 des Reichsgesetzes über die Angelegenheiten der freiwilligen Gerichtsbarkeit in Bezug auf die Ausschließung des Richters, in Bezug auf seine Befugniß, sich wegen Befangenheit der Ausübung seines Amtes zu enthalten, sowie in Bezug auf die Gerichtssprache und die Dolmetscher getroffen sind, entsprechende Anwendung.

Artikel 85.

In einer Sache, in der mehrere Personen betheiligt sind, soll der Notar, der in dieser Sache für einen der Betheiligten als Prozeßbevollmächtigter thätig ist oder gewesen ist, keine Amtshandlungen vornehmen, wenn einer der Betheiligten widerspricht. Der Notar soll den Betheiligten von einem solchen Widerspruchsgrund unverzüglich Mittheilung machen; der Widerspruch ist nur zulässig, wenn er unverzüglich nach der Mittheilung erfolgt.

Artikel 86.

Wird bei einer Amtshandlung des Notars die Beeidigung eines Dolmetschers erforderlich, so erfolgt sie durch das Amtsgericht, in dessen Bezirke der Notar seinen Amtssitz hat oder die Thätigkeit des Dolmetschers stattfinden soll. In dringenden Fällen kann die Beeidigung auch durch den Notar erfolgen; die Beeidigung ist nicht deshalb unwirksam, weil der Fall nicht dringlich war.

Artikel 87.

Die Notare sind zuständig, Siegelungen und Entsiegelungen im Auftrage des Gerichts oder des Konkursverwalters vorzunehmen.

Artikel 88.

Die Vorschriften, nach denen die Notare noch zu anderen als den in diesem und in dem zweiten und vierten Abschnitte bezeichneten Geschäften zuständig sind, bleiben unberührt.

Artikel 89.

Der Notar soll in Ansehung von Geschäften, die er beurkundet, keine Gewährleistung übernehmen.

Notare, die ihren Amtssitz in Ostfriesland und Harlingerland sowie im Regierungsbezirk Osnabrück haben, dürfen die Gewähr für die von ihnen auf Grund einer Versteigerung zu erhebenden Kauf- oder Pachtgelder übernehmen, falls es sich um Gegenstände handelt, die sich in diesen Landestheilen befinden.

Artikel 90.

Der Notar hat, soweit nicht das Gesetz ein Anderes bestimmt, über die Verhandlungen, bei denen er mitgewirkt hat, Verschwiegenheit zu beobachten, es sei denn, daß die in der Sache Betheiligten ihn von dieser Verpflichtung entbinden.

Artikel 91.

Das Recht der Aufsicht steht zu:

1. dem Justizminister hinsichtlich aller Notare;
2. dem Präsidenten des Oberlandesgerichts hinsichtlich der Notare des Oberlandesgerichtsbezirkes;
3. dem Präsidenten des Landgerichts hinsichtlich der Notare, welche ihren Amtssitz in dem Landgerichtsbezirke haben.

Artikel 92.

Die Notare sind verpflichtet, den Beamten, welchen das Recht der Aufsicht zusteht, sowie den von diesen beauftragten richterlichen Beamten auf Verlangen die Urkunden und Register zur Einsicht vorzulegen.

Artikel 93.

Die Vorschriften des § 21 des Gesetzes, betreffend die Abänderung von Bestimmungen der Disziplinargesetze, vom 9. April 1879 (Gesetz-Samml. S. 345) werden auf den ganzen Umfang der Monarchie ausgedehnt.

Die Vorschriften des § 13 des Gesetzes, betreffend die Dienstvergehen der Richter 2c., vom 7. Mai 1851 (Gesetz-Samml. S. 218) und der §§ 23, 24 des Gesetzes, betreffend die Abänderung von Bestimmungen der Disziplinargesetze, finden bei der Aufsicht über die Notare entsprechende Anwendung.

Artikel 94.

Die Strafen, auf die das Disziplinargericht zu erkennen befugt ist, sind:

1. Warnung;
2. Verweis;
3. Geldstrafe bis zu dreitausend Mark, allein oder in Verbindung mit einem Verweise;
4. Verlust des Amtes oder Dienstentlassung; auf den Verlust des Amtes ist zu erkennen, wenn das Gericht den Verurtheilten nicht für unwürdig erachtet, an einem anderen Orte wiederangestellt zu werden.

Artikel 95.

Der Notar hat ein Register zu führen, in welches die aufgenommenen Verhandlungen, die angefertigten und beglaubigten Entwürfe und die Beglaubigungen von Unterschriften oder Handzeichen sowie die sonstigen Zeugnisse mit Ausnahme der Beglaubigung von Abschriften in ununterbrochener Reihenfolge unter fortlaufenden Nummern einzutragen sind. Das Register ist mit fortlaufenden Seitenzahlen zu versehen und die Zahl der Seiten von dem Amtsgericht, in dessen Bezirke der Notar seinen Amtssitz hat, zu beglaubigen. Die Eintragungen sollen in verschiedenen Spalten den Tag der Ausstellung und den Gegenstand der Urkunde sowie eine Bezeichnung der Betheiligten enthalten. Auf der Urschrift jeder Urkunde sowie auf jeder Ausfertigung oder Abschrift soll der Notar die Nummer angeben, unter der die Urschrift im Register eingetragen ist.

Die Vorschriften des Abs. 1 finden auf Wechselproteste keine Anwendung.

Artikel 96.

Die Notare haben nach Maßgabe der Anordnungen des Justizministers ein besonderes Verwahrungsbuch über die bei ihnen eingehenden fremden Gelder, geldwerthen Papiere und Kostbarkeiten zu führen.

Artikel 97.

Für die Zeit, während welcher ein Notar beurlaubt oder durch Krankheit oder sonst verhindert ist, seine Geschäfte wahrzunehmen, kann er die sein Amt betreffenden Akten (Urschriften, Register 2c.) einem anderen Notar im Bezirke desselben oder eines benachbarten Amtsgerichts in Verwahrung geben. Hiervon hat er dem Amtsgerichte seines Amtssitzes Mittheilung zu machen. Er kann diesem Amtsgericht auch die Verwahrung überlassen.

Artikel 98.

Hat ein Notar für die Zeit, während welcher er beurlaubt oder verhindert ist, seine Geschäfte wahrzunehmen, die Verwahrung seiner Akten in der im Artikel 97 bezeichneten Art nicht veranlaßt, so hat, falls ein Antrag auf Ertheilung einer Ausfertigung aus den Akten des Notars oder auf Ertheilung einer Abschrift oder auf Gewährung der Einsicht gestellt wird, das Amtsgericht, in dessen Bezirke der Notar seinen Amtssitz hat, die Dienstakten in Verwahrung zu nehmen, bis der Notar die Geschäfte wieder übernimmt.

Artikel 99.

Der Justizminister kann einem Notar auf dessen Antrag für die Dauer einer Krankheit sowie für die Dauer einer durch erhebliche Gründe gerechtfertigten Abwesenheit oder anderweitigen Verhinderung einen Vertreter bestellen. Zum Vertreter darf nur bestellt werden, wer von dem Notar vorgeschlagen und zur Uebernahme der Vertretung bereit ist. Ist der Notar durch die Krankheit verhindert, den Antrag zu stellen oder einen Vertreter vorzuschlagen, so kann ein nach § 1910 des Bürgerlichen Gesetzbuchs bestellter Pfleger diese Handlungen für ihn vornehmen.

Der Vertreter muß zum Richteramte befähigt sein. Er hat vor dem Beginne der Vertretung seine bei den Notariatsverhandlungen anzuwendende Unterschrift dem Landgerichtspräsidenten einzureichen und, sofern er nicht schon Preußischer Staatsbeamter ist, vor dem Landgerichtspräsidenten oder einem beauftragten Richter den Diensteid zu leisten. Vor der Erfüllung dieser Verpflichtung soll er keine Amtshandlungen vornehmen. Ist er schon einmal als Vertreter eines Notars beeidigt worden, so genügt es, wenn er auf den früher geleisteten Eid verwiesen wird.

Die Bestellung des Vertreters kann jederzeit widerrufen werden.

Artikel 100.

Der Anfang sowie die Beendigung der Vertretung ist im Notariatsregister von dem Notar oder dessen Vertreter zu vermerken; die Beendigung der Vertretung ist dem Landgerichtspräsidenten anzuzeigen.

Artikel 101.

Der Vertreter versieht das Amt des Vertretenen unter dessen und seiner eigenen Verantwortlichkeit und auf dessen Kosten. Er hat seiner Unterschrift einen ihn als Vertreter kennzeichnenden Zusatz beizufügen und das Dienstsiegel des Vertretenen zu gebrauchen.

Der Vertreter soll, unbeschadet der aus seiner Person sich ergebenden Hinderungsgründe, auch insoweit keine Amtshandlungen vornehmen, als der von ihm vertretene Notar ausgeschlossen sein würde.

Die Amtshandlungen des Vertreters sind nicht deshalb ungültig, weil die für seine Bestellung nach Artikel 99 Abs. 1 erforderlichen Voraussetzungen zur Zeit der Bestellung nicht vorhanden waren oder später weggefallen sind.

Der Vertretene soll während der Dauer der Vertretung keine Amtshandlungen vornehmen.

Artikel 102.

Bei dem Ausscheiden oder dem Tode sowie bei der Versetzung eines Notars in einen anderen Amtsgerichtsbezirk hat das Amtsgericht, in dessen Bezirke der Notar seinen Amtssitz hatte, die das Amt des Notars betreffenden Papiere (Urschriften, Register ꝛc.) in Verwahrung zu nehmen. Dem Präsidenten des Landgerichts, in dessen Bezirke der Notar seinen Amtssitz hatte, ist hiervon Anzeige zu machen.

Bei dem Ausscheiden oder dem Tode eines Notars hat das im Abs. 1 bezeichnete Amtsgericht das Dienstsiegel des Notars zum Zwecke der Vernichtung an sich zu nehmen; dasselbe gilt von Dienstsiegeln, die in Folge einer Versetzung des Notars unbrauchbar geworden sind.

Artikel 103.

Wird ein Notar vom Amte vorläufig enthoben, so hat der Präsident des Landgerichts zu bestimmen, ob während der Dauer der Enthebung alle Papiere an das Amtsgericht abgegeben oder diesem nur das Register nebst dem Dienstsiegel ausgeliefert und die Urschriften, deren Einsichtnahme verlangt oder von denen eine Ausfertigung oder eine Abschrift gefordert wird, behufs der Gewährung der Einsicht oder behufs der Ertheilung der Ausfertigung oder der Abschrift vorgelegt werden sollen.

Siebenter Abschnitt.

Besondere Gerichte. Mitwirkung der Gemeindebeamten in Angelegenheiten der freiwilligen Gerichtsbarkeit.

Artikel 104.

Im Geltungsbereiche des Allgemeinen Landrechts ist für die im § 1960 des Bürgerlichen Gesetzbuchs vorgesehene Sicherung des Nachlasses außer den Amtsgerichten das Dorfgericht zuständig, in dessen Bezirke das Bedürfniß der Fürsorge hervortritt, es sei denn, daß sich am Sitze des Dorfgerichts ein Amtsgericht befindet.

Zum Zwecke der Sicherung kann das Dorfgericht insbesondere Siegel anlegen, Geld, Werthpapiere und Kostbarkeiten an sich nehmen und ein Nachlaßverzeichniß aufnehmen. Ein auf Grund dieser Vorschrift aufgenommenes Verzeichniß kann nicht nach § 2004 des Bürgerlichen Gesetzbuchs als Nachlaßinventar benutzt werden. Zur Bestellung eines Nachlaßpflegers ist das Dorfgericht nicht befugt.

Artikel 105.

Das Dorfgericht soll von den Maßregeln, die es zur Sicherung des Nachlasses ergriffen hat, dem Amtsgericht, in dessen Bezirk es seinen Sitz hat, Mittheilung machen. Verfügungen von Todeswegen, die sich im Nachlasse befinden, sowie Geld,

Werthpapiere oder Kostbarkeiten, die das Dorfgericht an sich genommen hat, hat es unverzüglich an das Amtsgericht abzuliefern.

In zweifelhaften Fällen hat das Dorfgericht, wenn es keine Sicherungsmaßregeln trifft, dem Amtsgerichte den Sachverhalt anzuzeigen.

Artikel 106.

Die Abänderung einer Anordnung des Dorfgerichts ist bei dem im Artikel 105 bezeichneten Amtsgerichte nachzusuchen. Das Amtsgericht ist auch berechtigt, eine Anordnung des Dorfgerichts, die es für ungerechtfertigt erachtet, von Amtswegen zu ändern.

Hat das Dorfgericht Siegel angelegt, so soll die Abnahme der Siegel in der Regel nur auf Anordnung des Amtsgerichts erfolgen.

Artikel 107.

Die Dorfgerichte können von den Amtsgerichten mit der Ausführung der auf Grund des § 1960 des Bürgerlichen Gesetzbuchs angeordneten Maßregeln beauftragt werden.

Artikel 108.

Die Dorfgerichte sind zuständig, im Auftrage des Amtsgerichts Vermögensverzeichnisse, insbesondere Nachlaßinventare, aufzunehmen.

Die Dorfgerichte sind zuständig, im Falle des § 20 des Gesetzes, betreffend das Anerbenrecht bei

Renten- und Ansiedelungsgütern, vom 8. Juni 1896 (Gesetz-Samml. S. 124) im Auftrage der Generalkommission Nachlaßinventare aufzunehmen.

Artikel 109.

Die Dorfgerichte sind zuständig, freiwillige öffentliche Versteigerungen beweglicher Sachen sowie öffentliche Verpachtungen an den Meistbietenden vorzunehmen und zu beurkunden. Sie sollen diese Geschäfte nur im Auftrage des Amtsgerichts vornehmen; eines besonderen Auftrags für jedes einzelne Geschäft bedarf es nicht.

Artikel 110.

Die Dorfgerichte sind gehörig besetzt, wenn neben dem Schulzen zwei Schöffen oder ein Schöffe und ein vereidigter Gerichtsschreiber mitwirken. Für die Aufnahme von Taxen bewendet es bei den bisherigen Vorschriften.

Den Amtsgerichten steht in den Angelegenheiten der freiwilligen Gerichtsbarkeit hinsichtlich der Dorfgerichte ihres Bezirkes das Recht der Aufsicht zu.

Artikel 111.

Die Vorschriften der Artikel 104 bis 109 finden entsprechende Anwendung auf die Ortsvorsteher in den Hohenzollernschen Landen, auf die Bürgermeister in dem vormals Landgräflich Hessischen Amtsbezirke Homburg und in den Gebieten des vormaligen

Herzogthums Nassau sowie der vormals freien Stadt Frankfurt mit Ausnahme des Gebiets der jetzigen Stadtgemeinde Frankfurt und auf die Ortsgerichtsvorsteher in den vormals Großherzoglich Hessischen Gebietstheilen.

Artikel 112.

Die im Artikel 111 bezeichneten Beamten sind zuständig, im Auftrage des Gerichts freiwillige öffentliche Versteigerungen von Grundstücken vorzunehmen und zu beurkunden. Sie sollen hiermit nur auf Antrag der Betheiligten beauftragt werden.

Artikel 113.

Die im Artikel 111 bezeichneten Beamten sind zuständig, auf Antrag eines Betheiligten die Theilung eines gemeinschaftlichen Vermögens, Verträge, durch welche Eltern ihr Vermögen den Kindern übergeben, sowie Eheverträge und Erbverträge vorzubereiten. Sie haben insbesondere, falls ein Betheiligter die Vermittelung einer Auseinandersetzung nach den §§ 86 bis 99 des Reichsgesetzes über die Angelegenheiten der freiwilligen Gerichtsbarkeit beantragen will, den Antrag aufzunehmen und dem zuständigen Amtsgerichte zu übersenden.

Artikel 114.

Die im Artikel 111 bezeichneten Beamten sind zuständig, Gesindedienstverträge zu beurkunden sowie auf Antrag eines Betheiligten einseitige Willenserklärungen an Personen, die in ihrem Amtsbezirk ihren Wohnsitz haben, bekannt zu machen und die Bekanntmachung zu beurkunden.

Artikel 115.

Die im Artikel 111 bezeichneten Beamten sind zuständig, Unterschriften zu beglaubigen. Die Unterschrift einer Person, die in ihrem Amtsbezirke weder einen Wohnsitz noch den gewöhnlichen Aufenthalt hat, sollen sie nicht beglaubigen.

Die Beglaubigung darf nur erfolgen, wenn die Unterschrift in Gegenwart des beglaubigenden Beamten vollzogen oder anerkannt wird.

Die Beglaubigung geschieht durch einen unter die Unterschrift zu setzenden Vermerk. Der Vermerk muß die Bezeichnung desjenigen, welcher die Unterschrift vollzogen oder anerkannt hat, enthalten und den Ort und den Tag der Ausstellung angeben sowie mit Unterschrift und Siegel oder Stempel versehen sein. Er soll außerdem die Angabe enthalten, daß die Vollziehung oder Anerkennung der Unterschrift in Gegenwart des beglaubigenden Beamten erfolgt ist.

Artikel 116.

Die im Artikel 111 bezeichneten Beamten sind verpflichtet, die Gerichte bei der Beurkundung einer Theilung oder eines Uebergabevertrags sowie bei der Vermittelung einer Auseinandersetzung auf Ersuchen zu unterstützen.

Auch in anderen Angelegenheiten der freiwilligen Gerichtsbarkeit können sich die Gerichte ihrer Beihülfe bedienen, insbesondere die Ertheilung von Auskunft oder Zeugnissen über persönliche Verhältnisse und über Besitzverhältnisse sowie die Abgabe von Gutachten verlangen.

Artikel 117.

Die Vorschriften der Artikel 111 bis 116 gelten nicht für Orte, die Sitz eines Amtsgerichts sind.

Artikel 118.

Die Vorschriften der Artikel 104 bis 106 finden entsprechende Anwendung auf die Gemeindevorstände (Bürgermeister, Dorfschaftsvorsteher, Bauerschaftsvorsteher, Gutsvorsteher) in Schleswig-Holstein.

Artikel 119.

Die Vorschriften des bisherigen Rechtes, nach denen die Dorfgerichte im Geltungsbereiche des Allgemeinen Landrechts zu Geschäften der freiwilligen Gerichtsbarkeit befugt sind, sowie die Vorschriften des Allerhöchsten Erlasses vom 14. Dezember 1868 über die Zuständigkeit der Rathmänner in der Landschaft Eiderstedt werden aufgehoben. Das Gleiche gilt von den Vorschriften des bisherigen Rechtes, nach welchen in den Hohenzollernschen

Landen, in dem vormaligen Herzogthume Nassau in den vormals Großherzoglich Hessischen Gebietstheilen, in dem vormals Landgräflich Hessischen Amtsbezirke Homburg und in dem Gebiete der vormals freien Stadt Frankfurt Ortsbehörden (Ortsgerichte, Feldgerichte, Bürgermeister, Schultheißen, Schöffen 2c.) befugt sind, selbständig oder als gerichtliche Hülfsbeamte Geschäfte der freiwilligen Gerichtsbarkeit vorzunehmen.

Unberührt bleiben die Vorschriften über die Aufnahme von Taxen sowie die Vorschriften derjenigen Gesetze, deren Geltungsbereich sich nicht auf die im Abs. 1 Satz 2 bezeichneten Gebietstheile beschränkt, sondern sich über diese Gebietstheile hinaus erstreckt.

Artikel 120.

Der Justizminister ist befugt, über die Aufsicht welcher die im Artikel 111 und im Artikel 119 Abs. 1 Satz 2 bezeichneten Behörden und Beamten in den Angelegenheiten der freiwilligen Gerichtsbarkeit unterliegen, Bestimmung zu treffen.

Artikel 121.

In dem Gebiete des vormaligen Kurfürstenthums Hessen sind nur die Amtsgerichte zuständig, auf Grund des § 1960 des Bürgerlichen Gesetzbuchs für die Sicherung des Nachlasses zu sorgen.

Artikel 122.

Durch Königliche Verordnung können in den im Artikel 119 Abs. 1 Satz 2 bezeichneten Gebietstheilen sowie in den vormals Kurhessischen Theilen des Oberlandesgerichtsbezirkes Frankfurt Ortsgerichte errichtet werden. Die Ortsgerichte sind für die in den Artikeln 104 bis 109, 112 bis 116 bezeichneten Angelegenheiten zuständig; die im Artikel 111 genannten Beamten verlieren mit der Errichtung der Ortsgerichte ihre Zuständigkeit für diese Angelegenheiten. Im vormaligen Herzogthume Nassau gehen auf die Ortsgerichte auch die im Artikel 12 § 3 des Ausführungsgesetzes zum Bürgerlichen Gesetzbuche bezeichneten Verrichtungen über.

Die Einrichtung sowie die dienstliche Stellung der Ortsgerichte wird durch Königliche Verordnung geregelt. Für Orte, in deren Nähe sich ein Amtsgericht befindet, kann die Zuständigkeit der im Artikel 111 genannten Beamten aufgehoben werden, ohne daß diese Orte in die Bezirke der neuen Ortsgerichte einbezogen werden.

Artikel 123.

Durch Königliche Verordnung können für den Bezirk des vormaligen Justizsenats zu Ehrenbreitstein Ortsgerichte errichtet werden.

Die Ortsgerichte sind für die in den Artikeln 104 bis 109, 112 bis 116 bezeichneten Angelegenheiten zuständig. Mit der Errichtung der Ortsgerichte hören die Befugnisse auf, welche zu dieser Zeit in dem Bezirke des vormaligen Justizsenats zu Ehrenbreitstein den Feldgerichten, den Schultheißen, den Schöffen, den Bürgermeistern und den Ortsvorstehern in Angelegenheiten der freiwilligen Gerichtsbarkeit zustehen. Für Orte, an denen oder in deren Nähe sich ein Amtsgericht befindet, kann die Zuständigkeit dieser Beamten aufgehoben werden, ohne daß diese Orte in die Bezirke der neuen Ortsgerichte einbezogen werden. Die Vorschriften des Artikel 119 Abs. 2 finden entsprechende Anwendung.

Artikel 124.

Den Ortsgerichten (Artikel 122, 123) können durch Königliche Verordnung unter Aufhebung der geltenden Bestimmungen solche durch die Vorschriften dieses Abschnitts nicht betroffene Angelegenheiten übertragen werden, welche in dem einzelnen Rechtsgebiete den jetzt bestehenden Ortsbehörden obliegen

Für Orte, die in die Bezirke der neuen Ortsgerichte nicht einbezogen werden, können die im Abs. 1 bezeichneten Angelegenheiten durch Königliche Verordnung in anderer Weise als im Wege der Uebertragung auf Ortsgerichte neu geregelt werden.

Mit dem Ortsgerichte kann unter Zustimmung des Kommunallandtags, im Bezirke des vormaligen Justizsenats zu Ehrenbreitstein unter Zustimmung des Provinziallandtags, durch Königliche Verordnung das Amt des Gemeindewaisenraths sowie das Amt des Schiedsmanns verbunden werden.

Artikel 125.

In Ostfriesland und Harlingerland sowie im Regierungsbezirk Osnabrück können zur Vornahme und Beurkundung freiwilliger öffentlicher Versteigerungen besondere Beamte (beeidigte Auktionatoren) angestellt werden.

Artikel 126.

Der Justizminister kann über das Verfahren, welches die in diesem Abschnitte bezeichneten Behörden und Beamten in den Angelegenheiten der freiwilligen Gerichtsbarkeit zu beobachten haben, allgemeine Bestimmungen treffen.

Die Vorschriften über die dienstliche Stellung der im Artikel 125 bezeichneten beeidigten Auktionatoren, über das von ihnen zu beobachtende Verfahren sowie über die Höhe ihrer Gebühren werden von dem Justizminister und dem Minister für Handel und Gewerbe getroffen.

Artikel 127.

Für die Landestheile, in welchen die Vorschriften der Allgemeinen Gerichtsordnung über die Aufnahme gerichtlicher Taxen nicht gelten, kann durch Königliche Verordnung die Aufnahme von Taxen einer Behörde übertragen, für die Abschätzung von Grundstücken auch bestimmt werden, daß sie durch staatlich anzustellende Sachverständige zu erfolgen hat. Das Verfahren sowie die Höhe der

Gebühren ist von den zuständigen Ministern zu regeln.

Eine in Gemäßheit der Vorschriften des Abs. 1 aufgenommene Taxe steht einer gerichtlichen Taxe gleich.

Achter Abschnitt.

Schlußbestimmungen.

Artikel 128.

Der Justizminister kann über das Verfahren bei der Aufnahme eines Vermögensverzeichnisses, insbesondere eines Nachlaßinventars, über das Verfahren bei der Sicherung eines Nachlasses sowie über das Verfahren bei einer aus einem anderen Anlaß erfolgenden Siegelung oder Entsiegelung allgemeine Bestimmungen treffen.

Artikel 129.

In dem Gesetze, betreffend die Befugniß der Auditeure zur Aufnahme von Akten der freiwilligen Gerichtsbarkeit ꝛc., vom 8. Juni 1860 (Gesetz-Samml. S. 240) werden der § 3 Abs. 2 und der § 11 Satz 2 gestrichen.

Artikel 130.

Das Ausführungsgesetz zum Deutschen Gerichtsverfassungsgesetze vom 24. April 1878 (Gesetz-Samml. S. 230) wird dahin geändert:

I. Die §§ 25, 28, 30 bis 32, 40, 51 bis 56, 69, der § 70 Abs. 2, der § 74 Abs. 2 und die §§ 75, 106 bis 109 fallen weg.

II. Der § 2 Abs. 3 erhält folgende Fassung:

Zur Urtheilsfällung, zur Beurkundung einer Verfügung von Todeswegen, zur Beurkundung eines Ehevertrags, zur Entscheidung über Durchsuchungen, Beschlagnahmen und Verhaftungen, sowie zu den Geschäften des Amtsrichters bei Bildung der Schöffengerichte und Schwurgerichte sind Referendare nicht befähigt.

III. Der § 20 erhält folgende Fassung:

In den durch Landesgesetz den ordentlichen Gerichten übertragenen Angelegenheiten erfolgt die Bestimmung des örtlich zuständigen Gerichts, soweit nicht die Vorschriften der Deutschen Prozeßordnungen Anwendung finden, durch das gemeinschaftliche obere Gericht, wenn Streit oder Ungewißheit darüber besteht, welches von mehreren Gerichten örtlich zuständig ist oder wenn ein gemeinschaftlicher Gerichtsstand zu bestellen ist. In Ermangelung eines gemeinschaftlichen oberen Gerichts erfolgt die Bestimmung durch den Justizminister.

Ist das zuständige Gericht in einem einzelnen Falle an der Ausübung des

Richteramts rechtlich oder thatsächlich verhindert, so erfolgt die Bestimmung des örtlich zuständigen Gerichts durch das zunächst höhere Gericht, in Ermangelung eines solchen durch den Justizminister.

Eine Anfechtung der Entscheidung findet nicht statt.

Im Sinne der Vorschriften der Abs. 1, 2 gilt als das dem Landgericht im Instanzenzuge vorgeordnete Gericht das Oberlandesgericht, zu dessen Bezirke das Landgericht gehört.

IV. Der § 24 Abs. 3 erhält folgende Fassung:

Angelegenheiten, auf welche die bezeichneten Vorschriften der Deutschen Prozeßordnungen keine Anwendung finden, können, wenn die Vertretung nicht durch Richter desselben Amtsgerichts erfolgen kann, von dem Landgericht einem anderen Amtsgerichte zugewiesen werden.

V. Im § 39 Abs. 1 erhält die Nr. 4 folgende Fassung:

4. für die Ansprüche gegen den Landesfiskus in Betreff der Verpflichtung zur Entrichtung einer Erbschaftssteuer oder einer Stempelabgabe.

VI. Der § 43 erhält folgende Fassung:

Die gerichtliche Beglaubigung amtlicher Unterschriften zum Zwecke der Legalisation im diplomatischen Wege erfolgt durch den Präsidenten des Landgerichts; sie kann von dem Justizminister auch dem zur Führung der Aufsicht bei einem Amtsgerichte berufenen Richter übertragen werden.

VII. Der § 49 Nr. 2 erhält folgende Fassung:

2. die bisher zur Zuständigkeit des Kreisgerichts in Ratzeburg gehörigen Familienfideikommißsachen und die Lehnssachen in Schleswig;

VIII. Im § 57 fällt der Hinweis auf die §§ 24, 32, 51 weg.

IX. Im § 74 erhält der Absatz 1 folgenden Zusatz:

4. das thatsächliche Angebot einer Leistung zu beurkunden;
5. öffentliche Verpachtungen an den Meistbietenden im Auftrage des Gerichts vorzunehmen.

X. Als § 86 werden folgende Vorschriften eingestellt:

Sachverständige für gerichtliche Angelegenheiten im Allgemeinen zu beeidigen, ist Sache der Justizverwaltung. Das Gleiche gilt für die Ausstellung von Zeugnissen über das in Preußen geltende Recht.

XI. Der § 87 erhält folgenden Abs. 2:

Ueber Beschwerden anderer als gerichtlicher Behörden wegen einer vom Gerichte verweigerten Beistandsleistung entscheiden die Oberlandesgerichte; eine Anfechtung dieser Entscheidungen findet nicht statt.

Artikel 131.

Der § 5 des Gesetzes, betreffend die Dienstverhältnisse der Gerichtsschreiber, vom 3. März 1879 (Gesetz-Samml. S. 99) erhält folgende Fassung:

Die Gerichtsschreibergehülfen sind zur Wahrnehmung der Gerichtsschreibergeschäfte befähigt.

Zur Ertheilung von vollstreckbaren Ausfertigungen und von Zeugnissen, welche sich auf die Rechtskraft der Urtheile beziehen, zur Aufnahme eines Protokolls über Revisionsanträge und ihre Begründung in Strafsachen sowie über weitere Beschwerden in Angelegenheiten der freiwilligen Gerichtsbarkeit, zur Aufnahme von Wechselprotesten und Vermögensverzeichnissen, zur Vornahme von Siegelungen und Entsiegelungen, sowie zu den Geschäften, welche dem Gerichtsschreiber bei der Führung des Grundbuchs und des Schiffsregisters obliegen sollen jedoch außer in den Fällen einer nothwendigen Aushülfe oder Vertretung nur solche Gerichtsschreibergehülfen verwendet werden, welche, abgesehen von der Erledigung der aktiven Dienstpflicht, die Vorbedingungen für die Anstellung als Gerichtsschreiber erfüllt haben. Das Gleiche gilt für die Entgegennahme von Anmeldungen zu dem Vereinsregister, Güterrechtsregister, Handelsregister, Genossenschaftsregister, Musterregister und Börsenregister.

Artikel 132.

Der § 154 Abs. 2 des Gesetzes über die Zuständigkeit der Verwaltungs- und Verwaltungsgerichtsbehörden vom 1. August 1883 (Gesetz-Samml. S. 237) wird aufgehoben.

Artikel 133.

In dem bisherigen Geltungsbereiche des Rheinischen Rechtes bleiben für die Geschäfte, die den Gerichten in Ansehung der bis zum 1. Januar 1876 geführten Standesregister obliegen, die Landgerichte zuständig. Der Justizminister kann jedoch anordnen, daß diese Geschäfte auf die Amtsgerichte übergehen.

Artikel 134.

Die Gebührenordnung für Notare vom 25. Juni 1895 (Gesetz-Samml. S. 256) wird dahin geändert:

I. Der § 3 Abs. 1 erhält folgenden Zusatz:

Bei Versteigerungen werden die Gebühren für die Beurkundung des Zuschlags nur dann auf den Mindestbetrag erhöht, wenn die Summe dieser Gebühren in einem Versteigerungsverfahren 1 Mark 50 Pf. nicht erreicht.

II. Der § 5 erhält folgende Fassung:

Soweit die Notare für die Geschäfte zuständig sind, über welche der zweite Abschnitt des ersten Theiles, der § 65 Nr. 1 und der § 81 Abs. 2 des Preußischen Gerichtskostengesetzes Bestimmung treffen, erhalten sie die daselbst für die Thätigkeit des Richters festgesetzten Gebühren.

III. Der § 6 wird gestrichen.

IV. Im § 9 werden die Worte „Aufnahme", „aufgenommen" ersetzt durch die Worte „Beurkundung", „beurkundet".

V. Im § 10 werden die Worte „sowie für den Verkehr des Notars mit den Hypothekenbewahrern" gestrichen. Hinter dem Worte „Legalisationen" wird das Wort „sowie" eingeschaltet.

VI. Der § 11 erhält folgende Fassung:

Für die Vermittelung einer Auseinandersetzung, die dem Notar von dem Gericht oder von den Betheiligten übertragen ist, erhält er das Zweifache des im § 56 des Preußischen Gerichtskostengesetzes bestimmten Gebührensatzes B. Wird das Verfahren nicht durchgeführt oder beschränkt es sich auf die Ermittelung oder Feststellung einer Masse, so ermäßigt sich die Gebühr auf die Hälfte.

Die Gebühren für die Beurkundung oder den Entwurf eines das Verfahren abschließenden Vertrags oder eines mit einem Dritten geschlossenen Vertrags sowie die Gebühren für Vermögensverzeichnisse, Schätzungen und Versteigerungen werden neben den im Abs. 1 bestimmten Gebühren besonders erhoben. Wird die Vermittelung der Auseinandersetzung dem Notar vom Gericht übertragen, so steht die Anfertigung des Auseinandersetzungsplans dem Entwurfe, die Beurkundung der Auseinandersetzung der Beurkundung eines das Verfahren abschließenden Vertrags gleich.

In Ansehung der Zahlungspflicht und der Verpflichtung zur Leistung von Vorschüssen finden, wenn die Vermittelung der Auseinandersetzung dem Notor von dem Gericht überwiesen ist, dieselben Vorschriften Anwendung, wie wenn die Vermittelung dem Notar von den Betheiligten übertragen wäre.

VII. Der § 18 erhält folgende Fassung:

Im Bezirke des Oberlandesgerichts zu Cöln erhält der Notar für die Vermittelung eines hypothekarischen Darlehens, wenn nicht eine geringere Vergütung vereinbart ist, bis zur Summe von 7500 Mark 1 Prozent der Darlehnssumme, von dem Mehrbetrage bis 30000 Mark $^1/_2$ Prozent und von dem Mehrbetrage darüber hinaus $^1/_4$ Prozent. Steht dem Notar die Vermittelungsgebühr zu, so kommt die Gebühr für die Verwahrung von Geld (§ 14) in Wegfall.

VIII. Der § 23 wird gestrichen.

IX. Im § 27 Abs. 4 Satz 2 werden hinter dem Worte „vorliegt" die Worte „oder die Beschwerdesumme fünfzig Mark nicht übersteigt" eingeschaltet. Im Abs. 3 wird das Wort „Wohnsitz" durch das Wort „Amtssitz" ersetzt.

X. Im § 28 Abs. 1 erhält die Nr. 3 folgende Fassung:

3. um eine von den Betheiligten dem Notar übertragene Vermittelung einer Auseinandersetzung;

XI. Der § 30 erhält folgende Fassung:

Diese Gebührenordnung tritt gleichzeitig mit dem Bürgerlichen Gesetzbuch in Kraft und findet auf alle zu diesem Zeitpunkte noch nicht beendigten Geschäfte, auch hinsichtlich der bereits geleisteten Arbeiten, Anwendung.

Im Bezirke des Oberlandesgerichts zu Cöln bleiben für die Ausfertigungen und beglaubigten Abschriften der vor dem 1. Oktober 1895 aufgenommenen Urkunden, für ein nach den bisherigen Vorschriften zu erledigendes gerichtliches Theilungsverfahren oder Gütertrennungsverfahren, sowie in Ansehung der dem Grundbuchrechte noch nicht unterliegenden Grundstücke für die Anzeige der Hypothekenbestellung an den Versicherer, für Schuld- und Pfandverschreibungen, für die Anfertigung des Bordereau und für die Besorgung und Prüfung des Hypothekenauszugs die bisherigen Kostenvorschriften in Kraft.

Artikel 135.

Der Justizminister wird ermächtigt, den Text der Gebührenordnung für Notare, wie er sich aus den im Artikel 134 bestimmten Aenderungen ergiebt, unter fortlaufender Nummernfolge der Paragraphen und unter Herstellung einer einheitlichen Schreibweise durch die Gesetz-Sammlung in der Weise bekannt zu machen, daß die Verweisungen auf die Vorschriften der Civilprozeßordnung und des Preußischen Gerichtskostengesetzes durch Verweisungen auf die entsprechenden Vorschriften der durch den Reichskanzler und den Justizminister bekannt gemachten Texte ersetzt werden.

Artikel 136.

Die in den Artikeln 57, 58 des Einführungsgesetzes zum Bürgerlichen Gesetzbuche gemachten Vorbehalte gelten auch gegenüber den Vorschriften dieses Gesetzes.

Artikel 137.

Für die Geschäfte, die in Vormundschafts-, Nachlaß- und Theilungssachen der Mitglieder des vormaligen Hannoverschen Königshauses, des vormaligen Kurhessischen und des vormaligen Herzoglich Nassauischen Fürstenhauses den Gerichten obliegen, sind die Civilsenate der Oberlandesgerichte zuständig; die örtliche Zuständigkeit bestimmt sich nach den Vorschriften des Reichsgesetzes über die Angelegenheiten der freiwilligen Gerichtsbarkeit.

Artikel 138.

Soweit in Gesetzen auf Vorschriften verwiesen ist, welche durch dieses Gesetz außer Kraft gesetzt werden, treten an deren Stelle die entsprechenden neuen Vorschriften.

Artikel 139.

Soweit nach den Uebergangsvorschriften anderer Gesetze die bisherigen Vorschriften noch künftig maßgebend sind, gilt das Gleiche auch für die durch dieses Gesetz aufgehobenen oder abgeänderten Vorschriften.

Bis zu dem Zeitpunkt, in welchem das Grundbuch als angelegt anzusehen ist, bleiben in den im Artikel 119 Abs. 1 Satz 2 bezeichneten Gebietstheilen die Vorschriften unberührt, welche die Mitwirkung der Ortsbehörden bei der Führung der öffentlichen Bücher über die Rechtsverhältnisse an Grundstücken, insbesondere die Zuständigkeit zur Beurkundung der darauf bezüglichen Rechtsgeschäfte, betreffen.

Die neuen Vorschriften über das Verfahren bei der Aufnahme gerichtlicher oder notarieller Urkunden kommen auch dann zur Anwendung, wenn für das beurkundete Rechtsverhältniß das bisherige Recht maßgebend bleibt. Das Gleiche gilt von der Vorschrift, wonach die Amtsgerichte und die Notare in Bezug auf die Zuständigkeit zur Aufnahme von Urkunden einander gleichstehen.

Soweit nach den Uebergangsvorschriften die Zuständigkeit von Ortsbehörden begründet bleibt, kann der Justizminister die Zuständigkeit auf andere Behörden oder Beamte übertragen. In diesem Falle findet die Vorschrift des Artikel 126 Abs. 1 entsprechende Anwendung; der Justizminister kann über die zu erhebenden Kosten Bestimmungen treffen.

Artikel 140.

Für die Anfechtung einer Entscheidung, die vor dem Inkrafttreten des Bürgerlichen Gesetzbuchs erlassen ist, bleiben die bisherigen Vorschriften maßgebend; dies gilt auch dann, wenn nur die Entscheidung erster Instanz vor dem bezeichneten Zeitpunkt erfolgt ist.

Artikel 141.

Auf ein zur Zeit des Inkrafttretens des Bürgerlichen Gesetzbuchs anhängiges Verfahren nach den Artikeln 5, 6 des Einführungsgesetzes zum Handelsgesetzbuche vom 24. Juni 1861 (Ges.-Samml. S. 449) finden die Vorschriften des § 135 Abs. 2 Satz 2 und des § 136 des Reichsgesetzes über die Angelegenheiten der freiwilligen Gerichtsbarkeit Anwendung. Im Uebrigen bleiben die bisherigen Vorschriften maßgebend.

Artikel 142.

Die Berichtigung einer Eintragung in dem Standesregister erfolgt auch dann nach den Vorschriften des neuen Rechtes, wenn die Eintragung aus der Zeit vor dem 1. Januar 1876 herrührt.

Artikel 143.

In dem Oberlandesgerichtsbezirke Cöln gelten für die bei dem Inkrafttreten dieses Gesetzes im Amte befindlichen Notare die Vorschriften des Artikel 102 Abs. 1 mit folgender Maßgabe:

Der aus dem Amte ausscheidende oder in einen anderen Amtsgerichtsbezirk versetzte Notar kann bis zum Ablaufe von drei Monaten nach dem Tage des Ausscheidens oder der Versetzung dem Amtsgerichte seines bisherigen Amtssitzes zur weiteren Aufbewahrung der Papiere einen Notar bezeichnen, der in dem Bezirke dieses Gerichts seinen Amtssitz hat. Die gleiche Befugniß steht im Falle des Todes eines Notars den Erben zu. Das Amtsgericht hat die Papiere dem ihm bezeichneten Notar zu übergeben.

Auf Grund der Vorschriften des vorigen Absatzes kann die Uebergabe der Papiere an einen anderen Notar nur einmal verlangt werden. Im Falle des Ausscheidens, der Versetzung oder des Todes des anderen Notars findet die Abgabe der diesem auf Grund der Vorschriften des vorigen Absatzes übergebenen Papiere an einen anderen Notar nicht statt.

Artikel 144.

Die nachstehenden Vorschriften werden, soweit sie nicht schon in Folge Reichsgesetzes außer Kraft treten, unbeschadet der Uebergangsvorschriften, aufgehoben:

1. Theil 1 Titel 44 bis 46, 52, Theil 2 Titel 1

bis 5, Theil 3 Titel 7 der Allgemeinen Gerichtsordnung für die Preußischen Staaten, Theil 1 Titel 46 jedoch nur insoweit, als er sich nicht auf die Auseinandersetzung zwischen einem Lehns- oder Fideikommißfolger und den Allodialerben seines Vorbesitzers bezieht;

2. die Artikel 203, 812 bis 818, 839 bis 853, 855 bis 864, 907 bis 944, 986 bis 1002, 1040 des code de procédure civile, die Artikel 844, 845, 1040 jedoch nur für das Gebiet der freiwilligen Gerichtsbarkeit;
3. die Artikel 16 bis 19, 37 bis 46 des Französischen Dekrets über die Erhaltung und Verwaltung der Güter der Geistlichkeit vom 6. November 1813;
4. die Vorschriften des gemeinen Rechtes über die Exemplifikation oder Innovation von Urkunden;
5. die §§ 1 bis 8, 10 bis 31 der Hannoverschen Verordnung über das Verbot aller Privateide ꝛc. vom 28. Dezember 1821 (Hannov. Gesetz-Samml. 1822 Abth. I S. 43), die §§ 17 bis 20 und die §§ 28 bis 31 jedoch nur insoweit, als sie sich nicht auf Lehen oder Fideikommisse beziehen;
6. die Verordnung und Taxordnung für die Notarien in den Niederrheinischen Provinzen vom 25. April 1822 (Gesetz-Samml. S. 109)

sowie der § 67 des Gesetzes, betreffend die Dienstvergehen der nicht richterlichen Beamten 2c., vom 21. Juli 1852 (Gesetz-Samml. S. 465);

7. die Vorschriften des Rheinischen Rechtes über die Einregistrirung von Urkunden;

8. für das Gebiet der vormals freien Stadt Frankfurt die sich auf die Rechtsmittel in Angelegenheiten der freiwilligen Gerichtsbarkeit beziehenden Vorschriften der Gerichtsordnung für das gemeinsame Oberappellationsgericht der vier freien Städte Deutschlands (Bekanntmachung vom 23. August 1831; Frankf. Gesetz- und Statuten-Samml. Bd. 4 S. 229, 231) und des Gesetzes über das Verfahren in bürgerlichen Rechtssachen vom 7. November 1848 (Gesetz- und Statuten-Samml. Bd. 8 S. 282) sowie der § 11 des Gesetzes über das Fiskalat vom 3. Dezember 1861 (Gesetz- und Statuten-Samml. Bd. 15 S. 79);

9. die Kabinetsorder über die Vidimation der Urkunden und die Abzweigung der Schulddokumente vom 6. November 1834 (Gesetz-Samml. S. 180);

10. die Versteigerungsordnung für Ostfriesland und Harlingerland vom 16. Dezember 1834 (Hannov. Gesetz-Samml. Abth. III S. 245)

sowie die ergänzenden und abändernden Gesetze vom 10. Januar 1840 (Hannov. Gesetz-Samml. Abth. III S. 51), vom 26. Juli 1841 (Hannov. Gesetz-Samml. Abth. III S. 79), vom 27. Dezember 1842 (Hannov. Gesetz-Samml. Abth. III S. 115) und vom 24. März 1897 (Gesetz-Samml. S. 103);

11. die Versteigerungsordnung für den Landdrosteibezirk Osnabrück vom 14. Juli 1838 (Hannov. Gesetz-Samml. Abth. III S. 149) mit Ausnahme des Artikel 3 Abs. 3, soweit er sich auf die Befugniß der Magistrate bezieht, Sachen der Stadt oder des Fleckens an den Meistbietenden zu verkaufen oder zu verpachten;

12. die Verordnung, betreffend das Verfahren bei freiwilligen Subhastationen, vom 6. April 1839 (Gesetz-Samml. S. 125);

13. die Kabinetsorder, betreffend Siegelanlage bei dem Ableben eines Beamten im Bezirke des Appellationsgerichts zu Cöln, vom 14. Juli 1843 (Gesetz-Samml. S. 321);

14. für das Jadegebiet die Oldenburgische Auktionator- und Vergantungsordnung vom 14. Mai 1844 (Oldenburg. Gesetz-Samml. 1845 S. 278);

15. das Gesetz über das Verfahren bei Aufnahme von Notariatsinstrumenten vom 11. Juli 1845 (Gesetz-Samml. S. 487);

16. die §§ 457, 458 der Hannoverschen Bürgerlichen Prozeßordnung vom 8. November 1850 (Hannov. Gesetz-Samml. Abth. I S. 341);
17. die Hannoversche Notariatsordnung vom 18. September 1853 (Hannov. Gesetz-Samml. Abth. I S. 345);
18. die §§ 6 bis 8 und der § 11 Nr. 4 des Gesetzes, betreffend die Geschäftssprache der Behörden, Beamten und politischen Körperschaften des Staates, vom 28. August 1876 (Gesetz-Samml. S. 389), die §§ 6 bis 8 jedoch nur insoweit, als es sich um ihre Anwendung auf die ordentlichen Gerichte handelt;
19. das Gesetz, enthaltend Bestimmungen über das Notariat, vom 8. März 1880 (Gesetz-Samml. S. 177);
20. das Gesetz, betreffend das Theilungsverfahren und den gerichtlichen Verkauf von Immobilien im Geltungsbereiche des Rheinischen Rechtes, vom 22. Mai 1887 (Gesetz-Samml. S. 136) sowie der § 16 des Ausführungsgesetzes zur Deutschen Konkursordnung vom 6. März 1879 (Gesetz-Samml. S. 109);
21. das Gesetz, betreffend die Vereinigung der Rechtsanwaltschaft und des Notariats im Geltungsbereiche des Rheinischen Rechtes, vom 13. April 1888 (Gesetz-Samml. S. 72);
22. das Gesetz, enthaltend Bestimmungen über das Notariat und über die gerichtliche oder

notarielle Beglaubigung von Unterschriften oder Handzeichen, vom 15. Juli 1890 (Gesetz-Samml. S. 229).

Artikel 145.

Dieses Gesetz tritt gleichzeitig mit dem Bürgerlichen Gesetzbuch in Kraft. Die Vorschrift des Artikel 135 tritt mit der Verkündung in Kraft.

Urkundlich ꝛc.

VI.

Ausführungsgesetz
zum
Handelsgesetzbuche.

Vom 24. September 1899.

(Ges.-Samml. Nr. 31, S. 808.)

Wir **Wilhelm**, von Gottes Gnaden König von Preußen rc.

verordnen, unter Zustimmung der beiden Häuser des Landtags Unserer Monarchie, was folgt:

Artikel 1.

Für den Erlaß von Bestimmungen, durch welche die Grenze des Kleingewerbes nach Maßgabe des § 4 Abs. 3 des Handelsgesetzbuchs näher festgesetzt wird, sind der Justizminister und der Minister für Handel und Gewerbe gemeinschaftlich zuständig. Vor dem Erlasse solcher Bestimmungen sind in der Regel die Organe des Handelsstandes gutachtlich zu hören.

Das Gleiche gilt von den Bestimmungen, welche nach § 30 Abs. 4 des Handelsgesetzbuchs erlassen werden können.

Artikel 2.

Ist auf Grund des bisherigen Landesrechts eine Eintragung in das Handelsregister bewirkt, die nach dem Handelsgesetzbuch unzulässig ist, so kann das Registergericht sie von Amtswegen löschen, soweit nicht das bisherige Recht maßgebend bleibt.

Das Gericht hat den Betheiligten, wenn sein Aufenthalt bekannt ist, von der beabsichtigten Löschung zu benachrichtigen und ihm zugleich eine angemessene Frist zur Geltendmachung eines Widerspruchs zu bestimmen.

Auf das weitere Verfahren finden die Vorschriften des § 141 Abs. 3, 4 des Reichsgesetzes über die Angelegenheiten der freiwilligen Gerichtsbarkeit vom 17. Mai 1898 Anwendung.

Die Löschung erfolgt gebührenfrei. Wird jedoch der Widerspruch eines Betheiligten zurückgewiesen, so hat er für die Zurückweisung die für die Löschung bestimmte Gebühr zu entrichten.

Eintragungen, die den Güterstand einer zur Zeit des Inkrafttretens des Bürgerlichen Gesetzbuchs bestehenden Ehe betreffen, bleiben unberührt.

Artikel 3.

Die Gerichte, die Beamten der Staatsanwaltschaft, die Polizei- und Gemeindebehörden, sowie die Notare haben von den zu ihrer amtlichen Kenntniß gelangenden Fällen einer unrichtigen, unvollständigen oder unterlassenen Anmeldung zum Handelsregister oder Genossenschaftsregister dem Registergerichte Mittheilung zu machen.

Die Steuerbehörden sind verpflichtet, dem Registergericht über die Anmeldung und die Abmeldung steuerpflichtiger Gewerbe, über das Ergebniß der Veranlagung zur Gewerbesteuer sowie über später eingetretene Veränderungen Auskunft zu ertheilen.

Artikel 4.

Eine Aktiengesellschaft sowie eine Kommanditgesellschaft auf Aktien kann aufgelöst werden, wenn sie sich rechtswidriger Handlungen oder Unterlassungen schuldig macht, durch welche das Gemeinwohl gefährdet wird.

Ueber die Auflösung entscheidet im Verwaltungsstreitverfahren der Bezirksausschuß in erster Instanz. Für die Erhebung der Klage ist der Regierungspräsident zuständig.

Von der Auflösung hat der Regierungspräsident dem Registergerichte Mittheilung zu machen.

Artikel 5.

Versicherungsverträge und Verlagsverträge bedürfen, wenn sie Handelsgeschäfte sind, zu ihrer Gültigkeit nicht der schriftlichen Form.

Artikel 6.

Zur Bekanntmachung des Verlustes eines Inhaberpapiers nach § 367 des Handelsgesetzbuchs sind die Polizeibehörden auf Antrag des Eigenthümers verpflichtet, wenn glaubhaft gemacht wird, daß das Papier dem Eigenthümer gestohlen worden, verloren gegangen oder sonst abhanden gekommen ist. Die Kosten der Bekanntmachung hat der Antragsteller zu tragen und auf Erfordern vorzuschießen.

Artikel 7.

Königlicher Verordnung bleibt vorbehalten:

1. die Vorschriften des Handelsgesetzbuchs, welche sich auf den Aufenthalt des Schiffes im Heimathshafen beziehen, auf alle oder einige Häfen des Reviers des Heimathshafens auszudehnen (Handelsgesetzbuch § 480 Abs. 2);
2. zu bestimmen, daß auf kleineren Fahrzeugen (Küstenfahrern und dergleichen) die Führung eines Tagebuchs nicht erforderlich ist (Handelsgesetzbuch § 521);
3. zu bestimmen, daß die Vorschrift des § 566 Abs. 1 des Handelsgesetzbuchs, soweit sie die Beladung des Verdecks betrifft, auf die Küstenschiffahrt keine Anwendung findet.

Bis zur anderweitigen Regelung durch eine solche Verordnung bleiben

1. die §§ 32, 33, 34 des Einführungsgesetzes zum Allgemeinen Deutschen Handelsgesetzbuche für das vormalige Königreich Hannover vom 5. Oktober 1864 (Hannoversche Gesetz-Samml. Abth. I S. 213),

2. die §§ 67, 68 der Verordnung, betreffend die Einführung des Allgemeinen Deutschen Handelsgesetzbuchs in die Herzogthümer Holstein und Schleswig, vom 5. Juli 1867 (Gesetz-Samml. S. 1133),

3. der § 2 des Gesetzes, betreffend die Einführungsbestimmungen zum Allgemeinen Deutschen Handelsgesetzbuch für das Jadegebiet, vom 9. März 1870 (Gesetz-Samml. S. 248)

für ihr Geltungsgebiet mit der Maßgabe in Kraft, daß an die Stelle der darin in Bezug genommenen Vorschriften des Allgemeinen Deutschen Handelsgesetzbuchs die entsprechenden Vorschriften des neuen Handelsgesetzbuchs treten.

Artikel 8.

Die nachstehenden Gesetze und Verordnungen sowie die zu ihrer Ergänzung, Ausführung oder Abänderung erlassenen landesrechtlichen Vorschriften werden, soweit sie noch in Geltung sind und nicht schon in Folge Reichsgesetzes außer Kraft treten unbeschadet der Vorschrift des Artikel 7 Abs. 2 dieses Gesetzes und der Uebergangsvorschriften anderer Gesetze, aufgehoben:

1. das Preußische Einführungsgesetz zum Allgemeinen Deutschen Handelsgesetzbuche vom 24. Juni 1861 (Gesetz-Samml. S. 449);
2. das Einführungsgesetz für das Herzogthum Nassau vom 2. Oktober 1861 (Verordnungs-Blatt S. 121);

3. das Einführungsgesetz für das Königreich Bayern vom 10. November 1861 (Gesetzblatt S. 425);
4. das Einführungsgesetz für das Großherzogthum Hessen vom 1. August 1862 (Regierungs-Blatt S. 627);
5. das Einführungsgesetz für die Freie Stadt Frankfurt vom 17. Oktober 1862 (Gesetz- und Statuten-Samml. Bd. 15 S. 113);
6. das Einführungsgesetz für das Landgrafthum Hessen vom 25. August 1863 (Regierungs-Blatt Nr. 7);
7. das Einführungsgesetz für das Königreich Hannover vom 5. Oktober 1864 (Gesetz-Samml. Abth. 1 S. 213);
8. das Einführungsgesetz für das Kurfürstenthum Hessen vom 3. Mai 1865 (Gesetz-Samml. Bd. 17 S. 55);
9. die Verordnung, betreffend die Einführung verschiedener seerechtlicher Vorschriften des preußischen Rechts in das vormalige Königreich Hannover, vom 24. Juni 1867 (Gesetz-Samml. S. 1165);
10. die Verordnung, betreffend die Einführung des Allgemeinen Deutschen Handelsgesetzbuchs in die Herzogthümer Holstein und Schleswig, vom 5. Juli 1867 (Gesetz-Samml. S. 1133);
11. die Verordnung, betreffend die Kommandit-

gesellschaften auf Aktien in den durch die Gesetze vom 20. September und 24. Dezember 1866 mit der preußischen Monarchie vereinigten Landestheilen, vom 24. August 1867 (Gesetz-Samml. S. 1645);

12. das Einführungsgesetz für das Herzogthum Lauenburg vom 21. Oktober 1868 (Offiz. Wochenblatt S. 473);

13. das Gesetz, betreffend die Einführungsbestimmungen zum Allgemeinen Deutschen Handelsgesetzbuch für das Jadegebiet und die Einführung verschiedener seerechtlicher Vorschriften in dasselbe, vom 9. März 1870 (Gesetz-Samml. S. 248);

14. der § 1 Nr. IV. der Verordnung, betreffend die Einführung Preußischer Landesgesetze in Helgoland, vom 22. März 1891 (Gesetz-Samml. S. 39).

Unberührt bleiben jedoch diejenigen Vorschriften der vorbezeichneten Gesetze und Verordnungen, welche die vor ihrem Erlaß entstandenen Rechtsverhältnisse betreffen.

Artikel 9.

Dieses Gesetz tritt gleichzeitig mit dem Bürgerlichen Gesetzbuch in Kraft.

Urkundlich ꝛc.

VII.

Gesetz,

enthaltend

die landesgesetzlichen Vorschriften über die Gebühren der Rechtsanwälte und der Gerichtsvollzieher.

Vom 27. September 1899.

(Ges.-Samml. Nr. 31. S. 317.)

Wir **Wilhelm**, von Gottes Gnaden König von Preußen ꝛc.

verordnen, unter Zustimmung der beiden Häuser des Landtags Unserer Monarchie, was folgt:

Erster Abschnitt.

Gebühren der Rechtsanwälte.

Artikel 1.

Die Vergütung für die Berufsthätigkeit der Rechtsanwälte bestimmt sich, soweit sie nicht reichsgesetzlich geregelt ist, ausschließlich nach den nachstehenden Vorschriften.

Artikel 2.

Die Deutsche Gebührenordnung für Rechtsanwälte findet entsprechende Anwendung auf die Berufsthätigkeit des Rechtsanwalts:

1. in den vor besondere Gerichte gehörigen Rechtssachen, auf welche die Civilprozeßordnung oder die Strafprozeßordnung Anwendung findet;
2. in den nach dem Gesetze, betreffend den Forstdiebstahl, vom 15. April 1878 (Gesetz-Samml. S. 222) zu behandelnden Strafsachen;
3. im Verwaltungsstreitverfahren;
4. im Verfahren vor dem Bundesamte für das Heimathwesen;
5. in dem Rechtsmittelverfahren, betreffend die Veranlagung von Staatssteuern;
6. im Verwaltungsstrafverfahren;
7. im Disziplinarverfahren.

Im Sinne der Gebührenordnung steht das Verwaltungsstrafverfahren dem Vorverfahren, das Verfahren vor der entscheidenden Disziplinarbehörde dem Verfahren vor der Strafkammer gleich.

Artikel 3.

Volle Gebühr im Sinne der nachstehenden Vorschriften ist die im § 9 der Deutschen Gebührenordnung bestimmte Gebühr mit der Maßgabe, daß von 10000 bis 20000 Mark die Werthsklassen um je 2500 Mark und die Gebühren um je 4 Mark und von 20000 Mark an die Gebühren um je 5 Mark und die Werthsklassen bis 100000 Mark um je 5000 Mark, bis 300000 Mark um je 10000 Mark, bis 1 Million Mark um je 25000 Mark und darüber hinaus um je 50000 Mark steigen.

Artikel 4.

Für die Vertretung eines Betheiligten im Verfahren der Zwangsversteigerung erhält der Rechtsanwalt drei Zehntheile der vollen Gebühr:

1. für die Vertretung bis zur Einleitung des Vertheilungsverfahrens;
2. für die Vertretung im Vertheilungsverfahren.

Der Vertreter des Antragstellers erhält außerdem drei Zehntheile der vollen Gebühr für die Wahrnehmung der Versteigerungstermine.

Die Gebühr für die Vertretung im Vertheilungsverfahren steht dem Rechtsanwalt auch dann zu, wenn unter seiner Mitwirkung eine außergerichtliche Vertheilung stattfindet.

Die Gebühren für die Vertretung des Gläubigers oder eines anderen Berechtigten (§ 9 Nr. 1, 2 des Gesetzes über die Zwangsversteigerung und die Zwangsverwaltung) bestimmen sich nach dem Werthe des Rechtes, wenn jedoch der Werth des Gegenstandes der Zwangsversteigerung oder des Vertheilungsverfahrens geringer ist, nach diesem; die neben einem Hauptanspruche bestehenden Ansprüche wegen der Kosten und Nebenleistungen bleiben unberücksichtigt. Im Falle der Vertretung eines anderen Betheiligten bestimmen sich die Gebühren nach dem Werthe des Gegenstandes der Zwangsversteigerung oder des Vertheilungsverfahrens oder des Antheils des Vertretenen an diesem Gegenstande. Auf die Berechnung des Werthes des Gegenstandes der Zwangsversteigerung oder des Vertheilungsverfahrens finden die in Ansehung der Gerichtskosten geltenden Vorschriften Anwendung.

Beschränkt sich die Thätigkeit des Rechtsanwalts auf die Vertretung des Gläubigers in dem Verfahren bis zum Versteigerungstermine, so ist für die Gebührenberechnung an Stelle des Werthes des Rechtes der Werth des Anspruchs, wegen dessen die Zwangsversteigerung beantragt ist, maßgebend, sofern nicht die Wahrnehmung eines anderen Termins stattgefunden hat.

Artikel 5.

Für die Vertretung des Gläubigers, des Schuldners oder des Konkursverwalters im Verfahren der Zwangsverwaltung, einschließlich des Vertheilungsverfahrens, erhält der Rechtsanwalt jährlich zwei Zehntheile der vollen Gebühr nach dem Werthe der jährlichen Einkünfte. Auf die Berechnung dieser Gebühr finden die in Ansehung der Gerichtskosten geltenden Vorschriften entsprechende Anwendung.

Der Vertreter des Antragstellers erhält außerdem drei Zehntheile der vollen Gebühr nach dem Werthe der jährlichen Einkünfte; ist ein Gläubiger der

Antragsteller und ist der Betrag der beizutreibenden Forderung und der miteinzuziehenden Zinsen geringer als der Werth der jährlichen Einkünfte, so ist dieser Betrag für die Gebührenberechnung maßgebend.

Beschränkt sich die Thätigkeit des Rechtsanwalts auf die Vertretung in dem Verfahren wegen Anordnung der Zwangsverwaltung, so erhält er nur die im Abs. 2 bestimmte Gebühr.

Artikel 6.

Auf die Vergütung der Berufsthätigkeit eines Rechtsanwalts in einem Vertheilungsverfahren außerhalb der Fälle der Zwangsversteigerung oder der Zwangsverwaltung finden die Vorschriften des Artikel 4 entsprechende Anwendung. Das Gleiche gilt für ein Vertheilungsverfahren im Falle der Zwangsverwaltung, wenn der Rechtsanwalt einen anderen Betheiligten als den Gläubiger, den Schuldner oder den Konkursverwalter vertritt; für die Berechnung des Werthes wiederkehrender Leistungen ist der Werth der Leistungen eines Jahres, für die Berechnung des Werthes des Gegenstandes des Vertheilungsverfahrens ist der Werth der Einkünfte eines Jahres maßgebend.

Artikel 7.

Für die Vertretung eines Betheiligten im Verfahren der Zwangsliquidation einer Bahneinheit erhält der Rechtsanwalt drei Zehntheile der vollen

Gebühr. Der Vertreter des Antragstellers erhält außerdem drei Zehntheile der vollen Gebühr für die Vertretung in der Versammlung der Bahnpfandgläubiger.

Auf die Werthberechnung finden die Vorschriften des Artikel 4 Abs. 4 entsprechende Anwendung.

Artikel 8.

Für Anträge, Erklärungen und Beschwerden bei Behörden erhält der Rechtsanwalt zwei Zehntheile der vollen Gebühr. Für bloße Benachrichtigungen, Beschleunigungsgesuche, kurze Anzeigen und Schreiben ähnlicher Art kann diese Gebühr nur gefordert werden, falls nicht dem Rechtsanwalt in der gleichen Angelegenheit eine andere Gebühr zusteht.

Hat der Rechtsanwalt die einem Antrag oder einer Erklärung zu Grunde liegende Urkunde entworfen, so steht ihm die im § 10 Abs. 2 der Gebührenordnung für Notare bestimmte Gebühr zu, wenn ein das Sach- und Rechtsverhältniß entwickelnder Vortrag erforderlich ist und dessen Einreichung von der Partei verlangt wird.

Artikel 9.

Für Schreiben an Privatpersonen erhält der Rechtsanwalt ein Zehntheil der vollen Gebühr. Für Schreiben, die rechtliche Ausführungen oder sachliche Auseinandersetzungen nicht enthalten, kann diese Gebühr nur gefordert werden, falls nicht dem Rechtsanwalt in der gleichen Angelegenheit eine andere

Gebühr zusteht. Für die der Einleitung eines Prozesses vorausgehenden Mahnungen, Kündigungen oder Schreiben ähnlicher Art kann eine Gebühr nicht gefordert werden, wenn dem Rechtsanwalte die Prozeßgebühr zusteht.

Auf Schreiben an den Auftraggeber, die eine Rathsertheilung oder ein Gutachten enthalten, finden die für diese Geschäfte in den Artikeln 11, 15 gegebenen Gebührenvorschriften Anwendung. Für andere Schreiben an den Auftraggeber kann eine Gebühr auch dann nicht gefordert werden, wenn sie rechtliche Ausführungen oder sachliche Auseinandersetzungen enthalten; steht jedoch dem Rechtsanwalt in der gleichen Angelegenheit eine andere Gebühr nicht zu, so ist die im Abs. 1 Satz 1 bestimmte Gebühr zu erheben.

Artikel 10.

Für die Wahrnehmung eines Termins erhält der Rechtsanwalt drei Zehntheile der vollen Gebühr. Werden in derselben Angelegenheit mehrere Termine wahrgenommen, so beträgt die Gebühr für den zweiten und für jeden weiteren Termin zwei Zehntheile der vollen Gebühr.

Der Gesammtbetrag der Gebühren in derselben Angelegenheit darf in einer Instanz die volle Gebühr nicht übersteigen.

Artikel 11.

Ein Zehntheil der vollen Gebühr erhält der

Rechtsanwalt, falls nicht eine der in den Artikeln 8 bis 10 bestimmten Gebühren anzusetzen ist, für die Ertheilung eines Rathes sowie für eine Besprechung.

Artikel 12.

Der Gesammtbetrag der in einer Angelegenheit nach den Artikeln 8, 9, 11 anzusetzenden Gebühren darf in einer Instanz die volle Gebühr nicht übersteigen.

Artikel 13.

Auf die Anfertigung des Entwurfes eines Rechtsgeschäfts und die Vermittelung einer Auseinandersetzung sowie auf den Empfang, die Verwahrung und die Auszahlung von Geldern und Werthpapieren in Angelegenheiten, die nicht zur streitigen Rechtspflege gehören, finden die für die Gebühren der Notare geltenden Vorschriften entsprechende Anwendung.

Der Betrag der Vergütung für die Anfertigung eines Entwurfes kann nur insoweit abweichend durch Vertrag bestimmt werden, als dies nach § 28 der Gebührenordnung für Notare zulässig ist.

Die Vorschriften der §§ 20 bis 27 der Gebührenordnung für Notare finden auf Rechtsanwälte keine Anwendung.

Artikel 14.

Ist für das dem Rechtsanwalt übertragene Geschäft eine Gebühr nicht bestimmt, so erhält er eine unter entsprechender Anwendung der Vorschriften der Deutschen Gebührenordnung und dieses Gesetzes zu bemessende Gebühr. Das Gleiche gilt, soweit für die begonnene oder vorbereitete Ausführung eines vor der vollständigen Ausführung erledigten Auftrags eine Gebühr nicht vorgesehen ist.

Artikel 15.

Die Vorschriften der §§ 2 bis 6, 8, 10 bis 12, 76 bis 86, 88, 93, 94 der Deutschen Gebührenordnung finden, soweit nicht ein Anderes bestimmt ist, in den Fällen der Artikel 4 bis 14 entsprechende Anwendung.

In den Fällen der Artikel 4—7 finden auch die Vorschriften der §§ 7, 25, 26, 29 bis 32, 35, 36, 48 bis 51 der Deutschen Gebührenordnung entsprechende Anwendung. Steht dem Rechtsanwalt in derselben Instanz eine Gebühr für den Antrag auf Eintragung einer Sicherungshypothek zu, so wird diese auf die im Artikel 4 Abs. 1 Nr. 1, im Artikel 5 Abs. 2 und im Artikel 7 Abs. 1 Satz 1 bestimmten Gebühren angerechnet.

Artikel 16.

Allgemeine Vorschriften über die Vergütung für eine Thätigkeit, welche die Zulassung zur Rechtsanwaltschaft nicht voraussetzt, sind auch für die Rechtsanwälte maßgebend.

Artikel 17.

Die Vorschriften dieses Abschnitts treten gleichzeitig mit dem Bürgerlichen Gesetzbuch in Kraft.

Für die vor diesem Zeitpunkt ertheilten Aufträge bewendet es bei den bisherigen Vorschriften.

Zweiter Abschnitt.

Gebühren der Gerichtsvollzieher.

Artikel 18.

Die Vergütung für die Berufsthätigkeit der Gerichtsvollzieher bestimmt sich, soweit sie nicht reichsgesetzlich geregelt ist, ausschließlich nach den nachstehenden Vorschriften.

Artikel 19.

Die Deutsche Gebührenordnung für Gerichtsvollzieher findet Anwendung auf die nach den Vorschriften der Deutschen Prozeßordnungen auszuführenden Zwangsvollstreckungen und Zustellungen in Angelegenheiten, welche vor besondere Gerichte gehören oder durch die Deutschen Prozeßordnungen nicht betroffen werden.

Artikel 20.

Auf die Gebühren der Gerichtsvollzieher für freiwillige Versteigerungen, für Wechselproteste, für Siegelungen und Entsiegelungen sowie für die Aufnahme von Vermögensverzeichnissen finden die Vorschriften der §§ 19 bis 21, 32, 47, 49, 50 des Preußischen Gerichtskostengesetzes Anwendung; soweit verschiedene Gebührensätze für die Thätigkeit des Richters und die des Gerichtsschreibers bestehen, sind die für Gerichtsschreiber geltenden Vorschriften maßgebend.

Außer den im Abs. 1 bezeichneten Vorschriften findet auch die Vorschrift des § 106 des Preußischen Gerichtskostengesetzes Anwendung, soweit sie sich auf die Gebühr im Falle der Zurücknahme bezieht.

Artikel 21.

Die Gebühr des Gerichtsvollziehers für die Beurkundung der Aufgabe des Geldes zur Post (§ 17 der Hinterlegungsordnung vom 14. März 1879, Gesetz-Samml. S. 249) beträgt achtzig Pfennig.

Artikel 22.

Auf die Gebühren der Gerichtsvollzieher, welche nicht durch die Deutsche Gebührenordnung bestimmt sind, finden die §§ 12 bis 23 der Gebührenordnung und der im § 24 Nr. 2 der Gebührenordnung gemachte Vorbehalt entsprechende Anwendung.

Artikel 23.

Die im § 24 der Deutschen Gebührenordnung vorbehaltenen Bestimmungen erfolgen durch den Justizminister.

Soweit den Gerichtsvollziehern Geschäfte übertragen sind oder in Zukunft übertragen werden, für welche die Gebühren nicht durch Gesetz bestimmt sind, erfolgt die Bestimmung durch den Justizminister. Das Gleiche gilt in Ansehung der Gebühren für Zwangsvollstreckungen und Zustellungen im Verwaltungszwangsverfahren.

Artikel 24.

Zu den dem Gerichtsvollzieher zu vergütenden baaren Auslagen gehören auch die erforderlichen Stempel.

Artikel 25.

Die Zustellungsurkunden der Gerichtsvollzieher sind stempelfrei.

Artikel 26.

Die Vorschriften dieses Abschnitts treten gleichzeitig mit dem Bürgerlichen Gesetzbuch in Kraft und finden auf alle zu diesem Zeitpunkte noch nicht beendigten Geschäfte, auch hinsichtlich der bereits geleisteten Arbeiten, Anwendung.

Dritter Abschnitt.

Schlußbestimmungen.

Artikel 27.

Aufgehoben werden vom Zeitpunkte des Inkrafttretens des Bürgerlichen Gesetzbuchs an:

1. das Ausführungsgesetz zur Deutschen Gebührenordnung für Rechtsanwälte vom 2. Februar 1880 (Gesetz-Samml. S. 43);
2. die noch geltenden Vorschriften des Ausführungsgesetzes zum Deutschen Gerichtskostengesetz und zu den Deutschen Gebührenordnungen für Gerichtsvollzieher und für Zeugen und Sachverständige vom 10. März

1879 (Gesetz-Samml. S. 145) mit Ausnahme des § 42;

3. das Gesetz, enthaltend Bestimmungen über Gerichtskosten und Gebühren der Gerichtsvollzieher, vom 21. März 1882 (Gesetz-Samml. S. 129).

Artikel 28.

Im bisherigen Geltungsbereiche des Rheinischen Rechtes bleiben für die Gebühren der Gerichtsvollzieher in einem Verfahren nach der Subhastationsordnung für die Rheinprovinzen vom 1. August 1822 (Gesetz-Samml. S. 195) die bisherigen Vorschriften maßgebend.

Artikel 29.

Der Justizminister wird ermächtigt, die Artikel 1 bis 28 dieses Gesetzes durch die Gesetz-Sammlung in der Weise bekannt zu machen, daß die Verweisungen auf die Vorschriften des Preußischen Gerichtskostengesetzes und der Gebührenordnung für Notare durch Verweisungen auf die entsprechenden Vorschriften der durch den Justizminister bekannt gemachten Texte ersetzt werden.

Bei der Bekanntmachung der Texte des Preußischen Gerichtskostengesetzes und der Gebührenordnung für Notare sind der § 130 des ersteren und der § 29 des letzteren Gesetzes wegzulassen.

Urkundlich 2c.

Sachregister.

Die römischen Zahlen bezeichnen die Gesetze in der in dieser Sammlung beobachteten Reihenfolge.

Die größeren arabischen Zahlen bezeichnen die Artikel, die kleineren höherstehenden die Paragraphen bzw. Ziffern der Artikel.

I 51^{5} = Ausführungsgesetz zum B.G.B. Art. 51 § 5 — V 144^{20} = Ausführungsgesetz zum Gesetz über die freiwillige Gerichtsbarkeit. Art. 144 Ziffer 20.

A.

C.

L.

M.

N.

S.

T.

U.

V.

Druck von A. W. Hayn's Erben, Berlin und Potsdam

FSC
www.fsc.org
MIX
Papier | Fördert gute Waldnutzung
FSC® C083411

Kolibri 360 GmbH
Ferdinand-Jühlke-Straße 7
99095 Erfurt, Deutschland
produktsicherheit@kolibri360.de